Reinhart Fuchs.

Herausgegeben

von

Karl Reissenberger.

Halle.

Max Niemeyer.

1886.

Altdeutsche textbibliothek, herausgegeben von H. Paul.
No. 7.

Vorrede.

Später, als ich es selbst gedacht habe, übergebe ich diese textausgabe der öffentlichkeit. Aeussere hemnisse allerlei art tragen an der verzögerung die schuld. Doch auch jetzt habe ich keineswegs das gefühl, etwas abgeschlossenes zu bieten. Sowohl die geschichte des stoffes und die literarhistorische behandlung des gedichtes, als auch die herstellung des textes auferlegen dem herausgeber nicht geringe schwierigkeiten. Ueber die entwicklung des stoffes wird erst dann etwas sicheres gegeben werden können, wenn die einzelnen tierepen, sowie die hierher gehörigen, weit zerstreuten volksüberlieferungen einer eingehenden und umfassenden untersuchung unterzogen sein werden. Denn seitdem das gebäude der Grimm'schen „tiersage" gestürzt worden ist, sind von der neuen theorie nur erst einige grundlinien gezeichnet worden.

Zur textkritik des „Reinhart Fuchs" hat jüngst A. Schönbach in der Zs. f. d. a. XXIX s. 47 ff. einen beitrag geliefert, der die forschung um ein bedeutendes gefördert hat. Wie viel ich dieser abhandlung verdanke, wird man aus meiner ausgabe, wie aus meinen bemerkungen zum texte, die in Paul und Braunes „Beiträgen" erschienen sind, erkennen. Wo ich etwas bestimmtes von Schönbach übernommen und meinen text nach seinen vorschlägen verbessert habe, da habe ich das, sei es in den noten zum texte, sei es in den „Beiträgen zur geschichte der deutschen sprache und literatur" XI, s. 330 ff. getreulich und gewissenhaft angeführt.

Zum zwecke dieser ausgabe habe ich die beiden handschriften, in denen das gedicht überliefert ist, nochmals collationiert. Eine erneute vergleichung erwies sich namentlich bei dem Kalocsaer codex als notwendig, da der abdruck des gedichtes bei Mailath und Köffinger eine reihe von ungenauigkeiten enthält. Diese habe ich nun in den noten meiner ausgabe unter den varianten mit gleichzeitigem hinweise auf meine collation berichtigt.

Die fachmännische kritik wird in dieser ausgabe gar manches zu berichtigen und zu ergänzen finden. Doch soll es mir schon zur genugtuung gereichen, wenn mein büchlein den fachgenossen den anstoss gibt, mehr als bisher sich mit diesem gedichte zu beschäftigen und dadurch die wissenschaftliche arbeit auch nach dieser richtung weiter zu bringen.

Zum schlusse habe ich noch die angenehme pflicht, den herrn zu danken, die mir bei meiner arbeit hilfreich beigestanden haben und zwar: Sr. Eminenz dem cardinal und erzbischof von Kalocsa dr. Ludwig Haynald für die erlaubnis zur benutzung der Kalocsaer handschrift, herrn regierungsrat dr. A. Schönbach in Graz, der mir seine abhandlung über Reinhart bereits im manuscripte zur einsicht überliess, ferner den herrn prof. dr. H. Paul in Freiburg i. B., prof. dr. E. Martin in Strassburg, prof. dr. G. Meyer in Graz, oberbibliothekar dr. R. Köhler in Weimar, oberbibliothekar dr. C. Zangemeister in Heidelberg, universitätsbibliothekar dr. A. Müller in Graz und dem director der kgl. universitätsbibliothek in Budapest herrn A. Szilágyi.

Graz, zu ostern 1886.

Karl Reissenberger.

Einleitung.

In der einleitung zu seinem 'Reinhart Fuchs'[1]) vertritt J. Grimm mit weitumfassender gelehrsamkeit und feinem sinne die ansicht, dass die 'tiersage', obwol ein gemeingut aller indogermanischen völker überhaupt, doch recht eigentlich von dem deutschen volke zu reicherer fülle und epischer vollendung ausgebildet worden sei. Von Deutschland erst habe sie sich nach Frankreich verpflanzt, um von dort in der form von gedichten wider in ihre heimat, nach Deutschland, zurückzukehren. Einen widerspruch fand J. Grimm zunächst nicht. Vielmehr machten W. Wackernagel[2]) und der niederländische gelehrte Jonckbloet, jener in einem aufsatze über Heinrich den Gleissner (1848) und in einer 1867 geschriebenen abhandlung 'von der tiersage und den dichtungen aus der tiersage', dieser in seinem buche Étude sur le Roman de Renart, Groningue, 1863[3]), J. Grimms grundanschauung zu der ihrigen. In der recension[4]) des letztgenannten werkes nahm dann J. Grimm noch einmal veranlassung, seine ansicht, besonders denen gegenüber, die von einer entlehnung der tiererzählungen aus morgenländisch-griechischen quellen zu behaupten anfingen, ausein-

---

1) Reinhart Fuchs von Jacob Grimm, Berlin 1834.
2) Kleine schriften II, s. 212 ff. und s. 234 ff.
3) Hier sind auch die ausführungen der franz. gelehrten berücksichtigt, worauf ein für allemal hingewiesen sein soll.
4) Göttingische gelehrte anzeigen 1863, III, s. 1372 u. Kl. schrft. V, s. 455.

anderzusetzen. Eine grosse gemeinschaft zwischen indischer, griechischer und deutscher sage sei nicht zu läugnen, aber diese beruhe auf der natur der fabel, wie auf uraltem zusammenhange der völker. Nur weniges sei den Griechen über Persien und Kleinasien, den Germanen und Slaven über Skythien und Thrakien aus Indien zugeflossen. Eine menge von erzählungen, die hauptzüge der ganzen tiersage enthalten, sei dagegen ausschliessliches eigentum der deutschen und nordöstlichen sage und weder in der griechischen, noch indischen anzutreffen.

Grimms theorie hatte in Deutschland zuerst durch die bemerkungen, die Hertzberg in seiner übersetzung der Babrianischen fabeln[1]) (Halle 1846) dagegen erhob, eine erschütterung erfahren. Hertzberg spricht am angeführten orte dem deutschen volke zwar nicht die erfindungsgabe und einen eigentümlichen tiersagenschatz ab, aber er hebt nachdrücklich hervor, dass gar manches, was Grimm für urgermanisch hielt, durch gelehrte dichter aus Aesop und andern antiken fabelsammlungen in die tierepen eingeführt worden sei. Anderes habe wol auf dem wege der mündlichen tradition, begünstigt durch den heerdienst und das lagerleben, von Byzanz her bei den Germanen eingang gefunden. Hertzbergs ansichten wurden von Otto Keller in seinen 'Untersuchungen über die geschichte der griechischen fabel'[2]) übernommen und weiter ausgeführt. Keller bleibt bei der aesopischen fabel nicht stehen, sondern geht auch auf die indische fabel zurück, indem er behauptet, dass der grundstock der aesopischen fabeln aus Indien stamme, während wol erst nach Christi geburt manche griechische fabel aus ihrer heimat nach Indien übertragen worden sei.[3]) In diesem verhältnis der aesopischen zur indischen fabel findet Keller den grund für den zusammenhang zwischen den deutschen (besser

---

[1]) S. 150 ff.
[2]) Fleckeisens jahrbücher für classische philologie, IV. supplementband s. 309 ff.
[3]) Keller a. a. o. s. 335.

abendländischen) tierepen und der indischen fabel im grossen und ganzen. Die 'selteneren übereinstimmungen' aber erklären sich nach seiner auffassung ganz einfach durch vermittlung der Araber.[1])

Die ansicht, dass die **antike fabel die quelle der mittelalterlichen tierepen** sei, fand auch auf germanistischer seite zustimmung. Schon 1865 erklärte sich W. Scherer in seiner schrift über J. Grimm[2]) für diesen ursprung der tierepen. Aehnlich äusserte er sich in der 'Zeitschrift für die österreichischen gymnasien' 1870, s. 43 ff. und jüngst in seiner 'Geschichte der deutschen litteratur', s. 260. Auch Müllenhoff schloss sich dieser auffassung an, indem er (Zeitschrift für deutsches altertum 18 s. 1 ff.) seine ansicht in die worte fasste: 'Von einer zusammenhängenden epischen tiersage, die J. Grimm als ein uraltes gemeingut fast aller völker erweisen wollte, finden wir weder in Deutschland noch auch im Norden und England eine sichere spur; eine solche sage hat es in wahrheit auch sonst nirgends gegeben. Die epische behandlung der tierfabel gehört erst dem mittelalter und zunächst der lateinischen dichtung der geistlichen an und die fremde herkunft gerade der beiden für ihre geschichte und entwicklung wichtigsten stücke lässt sich, wie mir scheint, jetzt sehr deutlich übersehen.' Unter der fremden herkunft aber versteht Müllenhoff mit O. Keller die herkunft aus der griechischen fabel.

Man wird in der tat keinen zwingenden grund dafür geltend machen können, dass es von alters her eine zusammenhängende 'tiersage' gegeben habe, die zwar den meisten culturvölkern[3]) gemein, doch von

---

[1] Keller a. a. o. s. 321; Benfey Pantschatantra I, s. 107 ist hiezu auch zu vergleichen.
[2] Nun in 2. aufl., Berlin 1885 (s. 289 ff.).
[3] Auch die herkunft der slavischen tierepen ist jüngst bereits im sinne der neuen theorie erörtert worden von Kolmacevsky in seinem russisch geschriebenen buche 'Das tierepos im Occident und bei den Slaven. Kazan 1882. Vgl. Literaturblatt für germ. u. rom. philologie 1883 s. 322.

den Germanen am treuesten bewahrt und am besten ausgebildet worden sei. Es wurden offenbar am anfange des mittelalters von den Germanen tierfabeln aus dem antiken fabelschatze übernommen und diese haben wol die grundlage, den keim, abgegeben für die mittelalterlichen tierepen und das, was J. Grimm die 'tiersage' genannt hat. So erklärt es sich auch am einfachsten, nicht bloss dass die älteste tierfabel, die sich auf deutschem boden, bei Fredegar, findet, die fabel vom hirsche ohne herz, mit der betreffenden aesopischen[1]) genau übereinstimmt, sondern auch, dass hier der fremde löwe als der könig der tiere erscheint und nicht der deutsche bär. Aus Aesop stammt ferner jene fabel, die wir als den kern der tierepen ansehen müssen, die fabel von der krankheit des löwen und seine heilung durch den fuchs mittelst eines frischen wolfsbalges. So ist wol noch manche andere antike fabel im frühen mittelalter von den Germanen aufgenommen worden. Darauf führen die mannigfachen übereinstimmungen, die sonst noch zwischen antiker fabel und abendländischen tierepen sich nachweisen lassen.[2])

Aber auf welche weise kamen die antiken fabeln zu den Deutschen? Hertzberg und Keller erklären für den ältesten weg hierzu, wie bemerkt, neben gelehrter entlehnung den der mündlichen überlieferung von Byzanz her. Und gewiss kann für einige fabeln hieran gedacht werden. Auf diese weise könnte die fabel vom hirsche ohne herz durch die Goten nach Italien und von hier weiter nach Frankreich und Deutschland übertragen worden sein. Aber andere antike fabeln dürften auf anderem boden, in einem lande, wo auch die alte welt in unmittelbare berührung mit dem Germanentum trat, unter das deutsche volk gedrungen sein, in Gallien. In Gallien waren zu der zeit, als die Franken dahin kamen, die literarischen

---

[1]) Keller a. a. o. s. 340 ff.
[2]) Grimm R.F. S. CCLX ff.

studien sehr blühend.¹) Es gab zahlreiche rhetorenschulen, in denen antike classiker gelesen wurden. In einigen, freilich nur in wenigen, anstalten trieb man auch die lectüre griechischer literaturwerke. Dass somit die antiken fabeln, speciell die aesopischen, sich in Gallien verbreiteten und verbreiten konnten, wird man um so sicherer annehmen dürfen, als es ja schon um jene zeit lateinische bearbeitungen²) aesopischer fabeln gab und diese in den folgenden jahrhunderten noch vermehrt wurden. Zudem hat L. Roth³) aus der verbreitung der Codices lateinischer fabelsammlungen in Gallien den schluss gezogen, dass hier schon im frühesten mittelalter eine besondere vorliebe für die tierfabel bestanden haben müsse. Wie sehr aber die tierfabeln die phantasie des fränkischen volks beschäftigt haben, das lehren zwei historische belege, bei Gregor von Tours (4, 9) und in Fredegars chronik. Der erstere lässt den könig Theodobald eine fabel erzählen, welche dieser erfunden hat, in Fredegars chronik dagegen ist (zum jahre 612) von einer rustica fabula die rede⁴), in welcher der wolf eine rolle spielen soll. Was W. Wackernagel dazu veranlasste, den Franken den vorbesitz der tiersage zu vindicieren, möchte mich bewegen, ihnen in der hauptsache die ausbildung der alten tierfabeln zu jenen erzählungen zuzuschreiben, die in den epen erscheinen. In welcher art der process dieser ausbildung vor sich gegangen, kann natürlich nicht genau ermittelt werden. Aber ich bin überzeugt, dass er nicht blos auf gelehrtem und schriftlichem, sondern auch auf volkstümlichem und mündlichem wege stattgefunden hat.

---

1) Loebell Gregor von Tours und seine zeit s. 379; Bernhardy, Gesch. d. röm. lit. s. 305 anmerk. 243. Kaufmann, Rhetorenschulen und klosterschulen oder heidnische und christliche cultur in Gallien während des 5. und 6. jahrhunderts. Raumer, Hist. taschenbuch IV, 10, s. 1 ff. und desselben verfassers Deutsche gesch. II, s. 28 ff. Vgl. auch Wattenbach, Deutschlands geschichtsquellen⁴ I. s. 79 ff.
2) Hertzberg a. a. o. s. 152, Keller a. a. o. s. 322.
3) Philologus I, s. 523 ff., vgl. auch Voigt, Ysengrimus s. XC.
4) C. 38, vgl. Müllenhoff, Zs. f. d. alt. 12, s. 409 f.

Vieles ist wol durch absichtliche dichtung der geistlichen und ihre gelehrte arbeit in die tiererzählungen und namentlich in die tierepen hineingekommen, aber die mündliche tradition der kleriker, wie der laien hat an der gestaltung des hierher gehörigen stoffes gewiss auch einen wesentlichen anteil. Es würden sonst die mannigfachen und vielfach fluctuierenden formen und abweichungen, die sich in diesem stoffe darbieten, nicht zu erklären sein. Auch hier treffen, wie ich meine, fast genau jene worte zu, die Grimm, allerdings in anderem zusammenhange und zur stütze seiner theorie anführt: 'Diese erscheinung ist gerade das eigentümliche einer mündlichen, langen, sagenhaften, vielarmigen fortpflanzung und kann nimmer aus dem ohnmächtigen einfluss der dichter und übersetzer, zumal in jener unschuldigen zeit des mittelalters, die für bewahrung jeder tradition höchst empfänglich war, verstanden werden.'[1]) Aber das volk hat nicht blos die antiken fabeln festgehalten und mannigfach verändert, sondern später auch morgenländische aufgenommen und verarbeitet, ja sogar neue erzählungen gebildet, die entweder zu dem aus der fremde geholten stamme in beziehung traten oder davon unabhängig blieben.[2])

Den ersten beleg für die übernahme einer antiken, einer aesopischen fabel, in den fränkischen besitz liefert uns die bereits angeführte stelle bei Fredegar (Chron. 3, 8), wo die **fabel von dem löwen, fuchs, hirsch**[3]) (die fabel vom gegessenen herzen) widergegeben wird. Müllenhoff und Scherer lassen diese fabel nicht mit unrecht über Italien nach Deutschland gelangen[4]), weil sie bei Fredegar an einen zug der gotischen heldensage angeknüpft wird. Die motive

---

1) RF. CCLXXIX.
2) Hertzberg a. a. o. s. 154; Keller a. a. o. s. 322; Grimm RF. CCLXVII.
3) Halm Fabulae Aesopicae No. 243. Vgl. Rochholz Zs. für deutsche philologie I, 181 ff.
4) Scherer sagt, Zs. für die österr. gym. 1870, s. 43 geradezu: 'Ich denke, etwa in einem italienischen kloster wird die sage, die Fredegar erzählt, entstanden sein'.

sind bei Fredegar im ganzen die selben, wie bei Aesop, auch die frage am schlusse ist geblieben. Aber manches ist anders geworden. So ist für die ohren, die der löwe abreisst, das geweih eingetreten, ausserdem noch 'mancher schöne zug' verloren gegangen. Aber hierin sehe ich nicht, wie Grimm, einen grund gegen die herkunft der fränkischen fabel von Aesop, sondern einen beweis für die mündliche überlieferung, mag diese auch sonst weniger zu verkürzen, sondern vielmehr die einfachen motive zu erweitern streben. Auf vorhergegangene mündliche überlieferung weist auch, wie ich glaube, die verknüpfung der fabel mit Dietrich und dem sagenhaften Leo. Woher freilich Fredegar unmittelbar die geschichte nahm, ist um so schwerer zu bestimmen, als über Fredegars quellen überhaupt noch ziemliches dunkel herrscht.[1]) Fredegars fabel finden wir dann um das jahr 1000 bei Aimoin, einem schriftsteller, 'der nur ausschreibt' (Grimm). So sind bei ihm die einzelnen züge nur mehr ausgemalt, in allem wesentlichen aber folgt er Fredegar. Anders bei dem Tegernseer mönche Froumund im 10. jahrhundert. Die mündliche überlieferung[2]) hat wol viel zu der umgestaltung getan, in welcher die fabel hier erscheint. So ist an stelle des löwen der bär getreten, der den hirsch bei der begegnung zerbeisst und zerkratzt (von den ohren ist keine rede). Der zweiten einladung folgt der hirsch nicht und wird gerettet. Somit mangelt auch der zug des herzessens. In der Kaiserchronik (Massm. I, 525) ist die fabel fast unkenntlich, obwol hier ein alter, aesopischer zug, der sich offenbar im volke erhaltem hatte, der verlust des ohres, wider hervortritt. Auch die verspeisung des herzens durch den fuchs findet erwähnung, aber keineswegs in der organischen verbindung wie bei Aesop und Fredegar.

---

1) Wattenbach, Geschichtsquellen 4 I, s. 90.
2) Die 'alten lieder', auf die sich der schriftsteller beruft, beziehen sich nicht, wie Grimm RF. s. LI meint, auf obige fabel, sondern auf den krieg der Noriker mit Alexander, M. Scherer, Deutsche studien I, s. 341.

In gesta Romanorum (ed. Adalbert Keller cap. 46) ist sogar der hirsch durch den eber, der fuchs durch den koch ersetzt. Die situation ist auch sonst bis auf den verlust der ohren und des herzens verschieden.[1]

Ich habe mich bei dieser fabel, obwol sie in die tierepen keine aufnahme gefunden hat, etwas länger aufgehalten, um darauf hinzuweisen, welchen veränderungen die tierfabeln unterworfen gewesen sind, veränderungen, die ich mir nur aus mündlicher fortpflanzung erklären kann. Mit recht sagt darum auch W. Wackernagel (Kl. schriften II s. 294): 'dass die überlieferung von land zu land und von jahrhundert zu jahrhundert eine lebendig mündliche muss gewesen sein, keine in gelehrter art schriftliche, denn da wäre die übereinstimmung grösser'.[2]

Nicht bloss den tierepen angehörig, sondern geradezu der mittelpunkt derselben ist die aesopische **fabel von der krankheit des löwen**, und seiner heilung durch die wolfshaut (Halm nr. 255). Vergleicht man diese fabel mit den entsprechenden abendländischen erzählungen, so wird man nicht zweifeln, dass jene den keim bildet, aus dem diese herausgewachsen sind. In der aesopischen fabel sind die grundzüge der übrigen darstellungen schon gegeben. Dass diese ausgeführter, an allerlei zügen reicher und mannigfaltiger sind, kann nicht wunder nehmen. Denn das lässt sich alles aus der fortschreitenden entwicklung des stoffes erklären. Am frühesten ist auf diese fabel bezug genommen bei dem erzbischofe Benedict von Mailand, der das wolfsfell als mittel gegen die pleuresis[3] empfiehlt. In weitergehender bearbeitung bietet sie ein dem achten jahrhundert angehöriges lateinisches **ge-**

---

1) Ich halte die annahme Benfey's, Pantschatantra I, s. 433, dass die fabel in gesta Romanorum orientalische grundlage habe, bei den grossen veränderungen, in denen sie hier erscheint, nicht für stichhaltig. Wäre dem aber so, dann müsste auch die version in der Kaiserchronik auf derselben basis beruhen.

2) Vgl. Scherer, Zs. f. d. oesterr. gymn. 1870, s. 42 u. Deutsche studien a. a. o.

3) Voigt, Ecbasis s. 57.

dicht¹), das Dümmler dem Langobarden **Paulus Diaconus** zuschreiben möchte. Offenbar darauf hin haben Müllenhoff und Scherer angenommen, die fabel sei über Italien nach Deutschland gekommen. Ich sehe aber die notwendigkeit zu solcher vermutung nicht ein. Die franken können ja nach meiner obigen auseinandersetzung die fabel auch in Gallien von den Römern empfangen und weiter ausgebildet haben. Entstehen doch auch, wie wir sehen werden, die ersten tierepen auf dem ehedem von Franken in besitz genommenen boden. Was nun das oben angezogene gedicht des 8. jahrhdts. anlangt, so constatiert Dümmler selbst, dass es im hofkreise Karls des grossen entstanden sei. Es liegt daher die annahme nahe, dass Paulus Diaconus, wenn er wirklich der dichter wäre, **hier den von den Franken überlieferten stoff** empfangen habe. Ein zug in dieser bearbeitung, nämlich die zerrissenen schuhe, die der fuchs mitbringt, ist Müllenhoff ein zeichen für mündliche überlieferung, durch welche der stoff hindurchgegangen sei. Aus diesem gesichtspunkte werden wir auch andere motive erklären können. So erscheint hier z. b. der bär als das arme opfer, dem die haut abgezogen wird. Anderseits aber ist auch hier der löwe der könig der tiere und es fehlt auch nicht an der schon aesopischen verhöhnung des geschundenen.

Die geschichte von dem kranken löwen macht bereits in dem **ältesten tierepos** den wesentlichsten bestandteil aus, in der **Ecbasis**²) **cujusdam captivi per tropologiam**, die im 10. jahrhundert, nach Voigt³) nach 936, vielleicht 940, entstanden ist.

---

1) Zs. f. d. altert. 12, 450, 459; 14, 497; 16, 480.

2) Vor der ecbasis wären noch zwei tierfabeln zu nennen: die gleichfalls aus Aesop stammende fabel vom wolf (fuchs) und hahn bei Alcuin c. 278, widerholt im 11. jahrhundert (Grimm, Lat. ged. 345) und die dem physiologus angehörende fabel von dem sich tot stellenden fuchs und den vögeln. Vgl. Voigt ecbasis s. 57.

3) Ecbasis captivi, das älteste tierepos des mittelalters, herausg. von Ernst Voigt, Strassburg 1875. Vgl. hiezu die rec. von Peiper, Anz. f. d. A. u. d. lit. II, S. 87 ff. u. Seiler, Zs. f. d. philol. VIII, s. 362 ff.

Der dichter gehörte dem kloster S. Evre zu Toul an. Wegen der strengen reform, die dort 936 durchgeführt wurde, entfloh er dem kloster, ward jedoch wider dahin zurückgebracht. Als zeichen seiner 'innern widergeburt' dichtete er das epos. Ein gleichnis sollte es sein, wie der titel schon besagt, ein gleichnis seiner eigenen lebenserfahrung. Bei dieser absicht des dichters wird man in dem inhalte viel gemachtes, erdichtetes erwarten dürfen. Und in der tat scheint das, was der dichter aus volksmässiger überlieferung schöpft, nur gering, das, was er aus dem seinen oder aus gelehrten quellen dazu tut, viel, wenn sich auch die grenze zwischen beiden elementen nicht immer scharf ziehen lässt. Die dichtung besteht aus einer aussen- und einer innenfabel. Dort wird die flucht des kalbes, — worunter der dichter sich selbst versteht — dessen gefangennahme durch den wolf und dessen zurückführung erzählt, hier die krankheit des löwen und seine heilung durch den fuchs behandelt. Die grundzüge der aesopischen fabel sind auch hier klar. Aber sie sind weiter ausgeführt und mit allerlei zutaten ausgeschmückt. Der dichter macht nicht blos von seiner bekanntschaft mit der hl. schrift, mit den lateinischen dichtern des heidentums und des christentums, sowie von sonstiger gelehrsamkeit reichlich gebrauch, sondern er ist auch sehr bemüht, wie Voigt zeigt, die regel des h. Benedict in dem stoffe zum ausdrucke zu bringen, dass sie 'aus jeder zeile hervorleuchtet.' Mit dem kleinen gedichte des 8. jahrhunderts stimmt die Ecbasis ausser in allgemeinen zügen noch darin überein, dass die versammelten tiere genannt werden. Freilich bietet die Ecbasis 'in der hauptsache ausländische tierwelt', während jenes gedicht doch wenigstens die 'riesen des deutschen waldes' neben den fremden an dem hoflager aufführt (Voigt 62). Dann wird hier, wie dort der abwesende fuchs ohne weiteres verurteilt und zwar zu eigentümlicher todesstrafe. Im gedichte des 8. jahrhunderts v. 32 heisst es: jam moritura (sc. vulpes) cito dilacerata cadat! und Ecbasis

405 f. quicumque est fidus amicus, ut vulpem capiat, membratim membra resoluat. Die nächste grössere tierdichtung ist **Ysengrimus** oder, wie sie bisher benannt wurde, Reinardus vulpes. Denn das gedicht, das bisher als Isengrimus gieng, und für älter galt, als Reinardus hat sich der eingehenden forschung gerade als jünger herausgestellt. Jenes, der Ysengrimus abbreviatus, wie ihn der alte index der Berliner handschrift nennt, ist vielmehr ein auszug aus dem andern, dem vollständigen, 'der mit einigen weiteren zügen und neuen, wenn auch nicht folgerecht durchgeführten motiven bereichert und von einem mönche in der nähe von Aachen an der scheide des 13. und 14. jahrhdts. verfasst ist.' Der vollständige Ysengrimus dagegen ist nach Voigts untersuchungen in den jahren 1146—1148 von einem geistlichen dichter Flanderns gedichtet, den die handschrift h. magister Nivardus nennt. Der dichter beruft sich widerholt auf eine schriftliche vorlage. Doch hält Voigt diese angaben nicht für zuverlässig. Sei dem nun, wie ihm wolle, die möglichkeit einer schriftlichen quelle ist doch wol nicht anzuzweifeln.[2]) In dem aber stimme ich Voigt bei, dass die dichtung

---

[1]) Grimm, RF. LXX ff. Voigt, Ysengrimus, Halle a. S. 1884. Der vollständigkeit halber sei hier noch das, was zwischen Ecbasis und Ysengrimus liegt, flüchtig erwähnt. Zunächst sind die von Voigt Zs. f. d. a. 23, s. 307 ff. edierten tierfabeln zu erwähnen, dann ein kleines, 80 verse langes gedicht, sacerdos et lupus (Grimm, Lat. ged. s. 340 ff. Müllenhoff und Scherer, Denkmäler 1. aufl. XXV). Letzteres gedicht hat eine aesopische fabel (Halm 45), die auch bei Phädrus IV, 9 (Müller s. 48) steht, zur grundlage. Und auf diesem gedichte beruht wol wider die betreffende partie im Roman de Renart (Méon 12 br.). In die zweite auflage der denkmäler ist sacerdos et lupus nicht aufgenommen, weil die herausgeber das gedicht Frankreich zuweisen. Diesem stücke verwandt ist übrigens das siebenbürgische tiermärchen 'Der zigeuner, der wolf, den fuchs und der esel in der wolfsgrube'. Haltrich-Wolff, Zur volkskunde der Sieb. Sachsen. Wien 1885 s. 76. Am anfang des 12. jahrhunderts entstand ferner an der untern Loire De lupo, pastore et monacho, dessen kern des wolfes mönchtum ist. Voigt, Kleinere lat. denkmäler der tiersage (s. 1—21), worauf gleichzeitig auch bezüglich der späteren, kleineren tierdichtungen verwiesen sein soll. Vgl. übrigens auch die recension dieses buches von Seiler, Anz. V, 99 ff.
[2]) Grimm, Sendschr. s. 6 und Müllenhoff Zs. 18, a. a. o.

die mündliche überlieferung und zwar eine schon reich entwickelte mündliche überlieferung zur voraussetzung hat. Darauf deutet die fülle und mannigfaltigkeit der tierfabeln in dem werke. Das bezeugen auch die besonderen züge, wodurch sich hier die fabel von der heilung des löwen von den frühern fassungen derselben unterscheidet. Ich bin aber nicht, wie Voigt, der ansicht, dass der ganze stoff sich bis zum 12. jahrhunderte blos in den klöstern gebildet und im verlaufe dieses jahrhunderts erst in das volk hinausgetreten sei. Dass gewisse züge oder gewisse fabeln von den geistlichen bearbeitet worden, dass insbesondere der stoff, wie er im Ysengrimus vorliegt, geistlich modelt sei, gleichviel ob vom dichter oder von denen, die ihm denselben überliefert haben, soll nicht geläugnet werden. Schon Grimm bemerkt (XCIX): 'mönchisch scheint der ganze zuschnitt des werkes und besonders die ausführung des siebenten abenteuers.' Dagegen spricht nicht die satire, die das ganze durchdringt und diesem werke ganz besonders charakteristisch ist. Denn in bitterem spotte geisselt der dichter den verfall der geistlichkeit und schont nicht Bernhards von Clairvaux, nicht seines bischofs Anselm, ja selbst des papstes Eugen III. nicht. Die hauptfabeln[1]) sind von Grimm in 12 gruppen gebracht worden und zwar: 1. das gewonnene schwein, 2. der fischfang[2]), 3. die feldmessung, 4. der kranke

---

1) Die analogen fabeln sind bei Voigt, Ysengrimus LXXIX ff. verzeichnet. Ich führe in der note nur an, was darüber hinaus geht.

2) Grimm (CCLXVII) zählt dieses abenteuer zu den 'nur in der einheimischen fabel' vorhandenen stücken, und mir ist es auch nicht möglich gewesen, einen fremden ausgangspunkt ausfindig zu machen. Dagegen hat sich mir ergeben, dass diese geschichte in grössern oder geringern varianten sehr weit verbreitet ist. Herr oberbibliotekar R. Köhler in Weimar war so freundlich, mich nicht blos auf seine diesbezüglichen literatur-zusammenstellungen Orient und Occident II, s. 301, Götting. Gel. anz. 1868 s. 1300 und Jahrb. für rom. und engl. literatur IX, 401 aufmerksam zu machen, sondern mir auch eine reihe neuer nachweise zu bieten, woraus hervorgeht, dass die erzählung heute — mehr oder minder verändert — nicht nur den verschiedensten europäischen völkern, sondern auch in Afrika und Amerika bekannt ist. Haltrich-Wolff a. a. o. s. 498 f.

könig, 5. Bertilianas wallfahrt[1]), 6. fuchs und hahn[2]), 7. der wolf wird mönch, 8. das pferd und der wolf, 9. der wolf und der widder, 10. die geteilte beute, 11. des esels haut, 12. des wolfs tod. Abgesehen von dem aus Aesop stammenden abenteuer vom kranken löwen und der geschichte vom hahn und fuchs, welche, gleichwie die oben angeführte erzählung bei Alcuin, an Aesop wenigstens erinnert, sind noch zwei abenteuer des Ysengrimus auf diese quelle zurückzuführen: pferd und wolf und die geteilte beute. In der darstellung vom pferde und vom wolfe leuchtet die aesopische fabel (Halm nr. 337) noch unverkennbar durch, wenn auch Ysengrimus derselben nicht in dem grade treu geblieben ist, wie der spätere Roman de Renart. Indem nämlich hier noch das alte aesopische motiv des dornausziehens beibehalten erscheint, ist dafür im Ysengrimus ein anderes, des pferdes beichte, eingetreten.[3]) Das abenteuer von der geteilten beute steht bei allen sonstigen abweichungen der alten aesopischen fassung (Halm nr. 260) nahe.[4]) Die 'feldmessung' berührt sich ein wenig mit Calila.[5]) Neben den antiken dürfen wir wol auch schon morgenländische quellen als ausgangspunkte der tiergeschichten annehmen.

Was den Ysengrimus von den frühern tierdichtungen besonders unterscheidet, das sind die **eigennamen**, die hier die tiere bereits führen. Der wolf heisst Ysengrimus, der fuchs Reinardus, der bär Bruno. Nach Müllenhoffs feinsinniger untersuchung (Zs. 18, 1 ff.) wären diese namen nicht lange vor 1112 in einem lande, wo deutsches und romanisches element sich be-

---

1) Krauss, Sagen und märchen der Südslaven I, s. 67 ff.; Romania VIII, s. 354; Zeitschrift f. rom. phil. III, 617.
2) Benfey, Pantschatantra I, s. 310 u. 610; Haltrich-Wolff, s. 511; Krauss I. nr. 14.
3) Im siebenb. tiermärchen soll der wolf das alter des füllens aus seinem hufe lesen. Haltrich-Wolff a. a. o. s. 45 u. 502. Cf. noch Grimm, RF. CCLXIII.
4) Grimm, RF. CCLXII.
5) Grimm RF. CCLXXVI; Benfey, Pantschatantra I, s. 139 f.

rührt, also etwa im nw. Frankreich, in Flandern oder Artois, aufgekommen. Ysengrimus d. i. Îsangrîn, Îsengrîn bedeutet der mit dem eisernen helme, Renardus, Reinardus, Reinhardus geht auf Reginhard, Raginohard zurück und heisst so viel als 'sehr hart, urhart'.[1]) Bruno ist klar. An diese namen der hauptträger der tierfabel reiht sich nun in den einzelnen epen eine grössere oder geringere anzahl von namen der andern tiere. Die meisten weisen die französischen epen auf. Im deutschen gedichte erfahren wir nicht einmal die namen der füchsin, des hasen und der meise.[2])

Die bisherigen dichtungen waren lateinisch. Aber offenbar hatte man schon begonnen, den stoff auch in den nationalen sprachen zu behandeln. Französische gedichte sind uns aus dieser zeit nicht erhalten, dagegen kennen wir eine mittelhochdeutsche dichtung Heinrichs des Glichezare aus der zweiten hälfte des 12. jahrhunderts. Vollständig besitzen wir das poem nur in einer bearbeitung[3]) aus dem 13. jahrhundert, die jedoch, wie man sieht, den inhalt des alten gedichtes nicht berührt. Das ursprüngliche gedicht ist uns bruchstückweise in einer dem schlusse des 12. jahrhunderts angehörigen, 1515 in Hessen 'jämmerlich zerschnittenen' Kasseler handschrift erhalten. Sie umfasst im ganzen vier blätter, je zwei zusammengehörige, und zwei streifen. Den urkundlichen text, wie die herstellung desselben druckte J. Grimm in dem sendschreiben an K. Lachmann (Berlin 1840) ab. Die ursprüngliche dichtung führte nach v. 1790 den titel Îsengrînes nôt, der bearbeiter änderte ihn in Reinhart fuhs.[4])

---

1) Lübben, die tiernamen im Reineke Vos. Oldenburger gymnasialprogramm 1863. Scherer, Zs. f. d. oesterr. gym. 1870. a. a. o. Voigt, Ysengrimus s. LXXV.
2) Grimm, RF. CCXXII ff.
3) Grimm, RF. s. 25 ff. Mailath und Köffinger, Kolocsaer Codex altdeutscher gedichte. Pest 1817 s. 361 ff.
4) Nach v. 10 der bearbeitung.

Die alte dichtung stammt aus dem Elsass. Dahin weist vor allem die sprache, von der ich das folgende[1]) hervorhebe: *a* ist nicht umgelautet in *spranzinc* 1584, *stabilîn* 590, *bartinge* 970 (Weinhold, Al. gr. § 112). Nicht umgelautetes *â*: (*wâre :*) *verrâtâre* 1856, (*mâre:*) *Glîchezâre* 1786 (Al. gr. § 120). Altes *ô* für *uo* in *brôderscaft* 703 (Al. gr. § 124). *ou* in *ô* verengt in *ôch* 1696 (Al. gr. § 124); *uo* für *û* in *Brûn* 1540, *hût : gût* 1591 (Al. gr. § 144). Vom consonantismus erwähne ich: *h* am ende abgefallen in *gâ*(*h*) *: sâ* 795. 970. 1690. 1699, *dâ : gâ* 1730 (Al. gr. § 236); *h* im inlaute ausgefallen in *niet* (*: diet*) 1671. 1760, wol auch in *lieht* (*: verriet*) 1687 (Al. gr. § 63, Weinhold, Mhd. gr.[2] § 494); *pf* für lat. *p* in *pfulsin* 740 (Weinhold, Al. gr. § 157); *d* für *t*[2]) in *dac* 594. 775, *dagen* 761, *dâlauc* 656. 660, *dagelih* 897, *deil* 705. 905, *dôt* 889. 895. 956. 1618. 1738, *dôre* 928, *drût* 871. 909. 1616. 1620, *dief* 833, *diefin* 865, *duon* 909, *duost* 888, *duot* 1895, *duont* 1558. 1696, *det* 849. 875. 910. 1715. 1767, *dâten* 609, *gedâte* 963, *drabin* 786, *diuvel* 952, *duc* 910, *driuwe* 753, *dôn* 880 (Al. gr. § 179, Weinhold, Mhd. gr.[2] § 184); *r* in *l* übergegangen in *briôl* 977 (Al. gr. § 194); *m* zu *n* geworden: *haim : klein* 773, *beschirnde* 1740, *kunber* 642 (Al. gr. § 203). Ausserdem erwähne ich noch die participialendung -*ôt*, die mehrfach sich findet (Grimm Send. s. 63, Al. gr. § 357) die formen *gân, varn* als 2. pers. pl. pr. 655 u. 659 (Weinhold, Al. Gr. § 338, Mhd. gr.[2] § 369), *sint* für *sît* 1858 (2. pers. praes. pl. Al. gr. § 353, Mhd. gr.[2] § 364), die contrahierten infinitive *hân : gigân* 857. 959, *vân : verlân* 1793, *lân : gân* 739, *hân : vân* 747, *lân : getân* 803, *lân : dannân* 821 (Al. gr. § 33) und die adverbialform *sâ* (*: gâh*) 796. 969. 1700, (*: dâ*) 918. 964. 1589. 1689, von der Pfeiffer Germania VI

---

1) Man wird nicht daran anstoss nehmen, dass ich auch sprachliche eigentümlichkeiten, die nicht durch den reim gestützt sind, oder die sich auch sonst finden, anführe. Zusammengenommen und in verbindung mit den andern argumenten haben sie doch beweisende kraft.
2) Mit recht verweist Grimm bei dieser eigentümlichkeit auf Otfrid. Vgl. Send. s. 66.

s. 242 nachgewiesen hat, dass sich ihrer die schwäbisch-alemannischen dichter statt der form *sân* bedienen. Zu diesen sprachlichen eigentümlichkeiten kommt noch, dass Heinrich mehrfach romanische ausdrücke braucht, wie *cus* (: *sus*) 606, altfrs. *cous* (Diez, Etym. wtb. der rom. spr.³ I, s. 147), *burduz* 1586 (pr. *bordos*, fr. *bourdon* Diez, Etym. wb.³ I, s. 75 [1]), *pfulsin* 740 aus lat. *pulsare* (Sendschr. s. 56 und Lexer II, s. 266), *wîher, wîger* 722 und 727 aus lat. *vivarium*. Alles dieses [2]) zusammengenommen deutet auf den Elsass als heimat der dichtung. Dahin weisen uns aber auch zwei anspielungen. V. 1024 ff. wird ein lebensgrundsatz Walthers von Horburg erwähnt, v. 2120 ff. die einsetzung der *olbente* zur äbtissin erzählt. Beide stellen sind blos in der bearbeitung des gedichtes vorhanden. Aber zweifellos haben sie schon in der ursprünglichen dichtung gestanden. Walther von Horburg war ein Elsässer, der 1156, als kaiser Friedrich I. nach Strassburg kam, noch lebte [3]) und der dichter spricht von ihm, wie von einem, den er gekannt hat. Was die zweite der angezogenen stellen anlangt, so ist es nicht zu bezweifeln, dass Grimms conjectur [4]) in v. 2123 das richtige enthält: *lât si zem Êrstein ebtissinne wesen*. Erstein liegt auch im Elsass, unweit Benfelden, an der Ill, eine halbe stunde vom Rhein entfernt, wozu auch die worte v. 2154 *die nunnen jagten si in den Rîn* passen. Gewiss ist hier auf die unangenehme erfahrung, die eine äbtissin von Erstein machen musste, angespielt. Grimm und Wackernagel [5]) denken, veranlasst durch das attribut von Tuschelân, das 1995 der *olbente* gegeben wird, an Bertha, die schwiegermutter Otto's I., die von ihrem schwiegersohn Erstein empfieng. Aber einmal lag, wie ich meine, unserm dichter die zeit

---

1) Vgl. auch noch die von Grimm herangezogene übereinstimmung mit Gotfried von Strassburg..
2) Schönbach, Zs. f. d. a. XXIX, s. 61.
3) Strobel, Gesch. d. Elsasses I, s. 406; Grimm RF. s. CIX.
4) Altd. blätter I, s. 417. und Kl. schriften VII, s. 12 ff.
5) Kl. schrift. II, s. 228 u. 292.

Otto's I. doch zu ferne, als dass er seine satire auf
sie hätte beziehen können, dann aber ist es uns auch
nicht bekannt, dass Bertha ein ähnliches schicksal
gehabt habe, wie die *ölbente*. Der vorfall, auf den
Heinrich anspielt, muss sich im 12. jahrhundert zu-
getragen haben, in des dichters zeit. Ein entsprechen-
des, Erstein betreffendes, ereignis[1]) aus dieser periode
ausfindig zu machen, ist mir nicht möglich gewesen.
Auch herr prof. Martin in Strassburg konnte mir keine
auskunft geben, da, wie er mir freundlichst mitteilte,
gegenwärtig jeder nachweis über die schicksale der
abtei Erstein von 1153—1186 noch fehle. Für die
heimat der dichtung sind die worte 2120 ff. aber sicher
von bedeutung als 'ein scherz von so enger örtlich-
keit, dass er nur da entstehen konnte und vorgetragen
werden, wo die ortschaft selber lag, im Elsass' (Wacker-
nagel). Dagegen ist die stelle für die **abfassungs-
zeit** des gedichtes ebensowenig ergiebig, wie eine
andere, deren besprechung ich hier anreihen möchte.
Reinhart bittet den könig, nicht blos die *ölbente* zur
äbtissin zu machen, sondern auch den elefanten mit
Böhmen zu belehnen (v. 2097 ff.). Welches ereignis
hier von der satire des dichters getroffen wird, ist
schwer zu sagen. Der hinweis Grimms (s. CXIV) auf
Jaromir zur zeit Heinrichs II. von Deutschland ist mir
nicht einleuchtend. Auch Wackernagel vermag ich
nicht beizustimmen, wenn er (a. a. o.) an Otto I. er-
innert, der die lehnsabhängigkeit Böhmens von Deutsch-
lands neu befestigte. Den gegenstand der vorliegen-
den satire kann ich wider nur im 12. jahrhunderte
suchen. Ein zeitlich weit abliegendes factum aus der
geschichte Böhmens hätte für einen elsässischen dich-
ter des 12. jahrhunderts doch wenig reiz. Aus dem
12. jahrhundert könnten nun mehrere daten, die sich
in eine gewisse beziehung zur geschichte des elefanten

---

1) Ein vorfall, der wenigstens eine gewisse ähnlichkeit mit dem ge-
schick der olbente hat, steht in Strobel, Gesch. d. Elsasses I, 409 ff. bei den
Jahren 1159—1161. Er betrifft aber — Andlau.

bringen liessen, angeführt werden. Zunächst erwähne ich zwei. Wladislav II.[1]) war 1140 zum herzog gewählt und auch vom kaiser bestätigt, somit rechtmässiger herrscher in Böhmen. Das hinderte aber nicht, dass sich schon 1142 gegen ihn ein aufstand des adels erhob, welcher ihn nötigte, Böhmen zu verlassen, in das er allerdings kurz nachher mit hilfe des deutschen kaisers wider zurückkehrte. Das andere ereignis betrifft Soběslav II.[2]) Dieser war auf dem hoftage zu Ermendorf, im jahre 1173, von Friedrich I. zum herzog erhoben, aber nachher vom kaiser selbst fallen gelassen worden. Gegen ihn standen der von ihm verdrängte Přemyslide, sowie einige benachbarte fürsten auf. Soběslav ward geschlagen und vertrieben. Das war im jahre 1179. Trotz dieser hohen jahreszahl liesse sich noch, wie aus den erörterungen über die entstehungszeit des gedichtes hervorgehen wird, belehnung und vertreibung Soběslavs II. mit den ähnlichen schicksalen des elefanten in verbindung bringen. Dagegen wage ich nicht mehr, zur vergleichung mit unserer stelle die im jahre 1179 erfolgte belehnung des Přemysliden Friedrich und sein späteres geschick heranzuziehen, obwol dieses nach der schilderung bei Palacky I, s. 475 mehr als alles andere zu dem stimmen würde, was im Reinhart dem elefanten begegnet. Palacky schreibt nämlich von Friedrich: 'Durch diese massregel (drückende steuern) verscherzte er bald die gunst, nicht allein des volkes, sondern auch des adels. Das missvergnügen stieg zu solcher höhe, dass schon im sommer 1182 eine allgemeine empörung in Böhmen ausbrach. Friedrich musste unter verwünschung und lauter verhöhnung aus dem lande flüchten.' Uebrigens ist es auch möglich, und ich neige mich zu dieser annahme hin, dass der dichter mit der fraglichen stelle auf keinen besonderen historischen fall zielte, sondern blos der öffentlichen meinung, die damals über

---

[1] Palacky, Geschichte von Böhmen I, s. 415 ff.
[2] Palacky I, s. 461 ff.

Böhmen in Deutschland verbreitet war, ausdruck geben wollte. Durch die damals in Böhmen übliche senioratserbfolge[1]) war eine kette von wirren und thronkämpfen über das land heraufbeschworen worden, die erst ihr ende fanden, als Přemysl Ottokar I. die Primogeniturerbfolge anbahnte.[2]) Da mochte denn Böhmen in den ruf gekommen sein, dass dort kein herrscher, auch wenn er vom kaiser belehnt oder anerkannt wäre, auf seinem fürstenstuhle sicher sei. Unter solchen umständen konnte leicht eine satire, wie die im Reinhart, entstehen.

Einen sicheren anhaltspunkt für die feststellung der entstehungszeit des gedichtes können wir also aus den besprochenen stellen nicht gewinnen. Vielmehr müssen wir uns bezüglich dieser frage bei den reim- und versverhältnissen der alten dichtung rats erholen.

Soviel ist zweifellos, dass man unser gedicht in eine zu frühe zeit hinaufrückt, wenn man es mit Jonckbloet[3]) 'nicht viel später als 1150' oder mit J. Grimm[4]) 'in die mitte des 12. jahrhunderts[5]) oder bald in die zweite hälfte desselben' setzt. Viel richtiger ist die vermutung Wackernagels[6]), der auch Scherer[7]) folgt, dass der alte Reinhart Fuchs 'um das jahr 1170' gedichtet sei. Metrik und reim weisen ihn entschieden der späteren zeit des 12. jahrhunderts zu. Auf den fortschritt im versbau hat schon W. Grimm Graf Rudolf s. 12 ff. aufmerksam gemacht, wenn auch nicht alles, was W. Grimm dort über die emendationen sagt, angenommen werden kann. Ueberlange verse finden wir im Reinhart in viel geringerer zahl als in

---

1) Loserth, Archiv für oesterr. gesch. 64, s. 1 ff.; Huber, Geschichte Oesterreichs, Gotha 1885, I, s. 222.
2) Huber a. a. o. s. 392.
3) Geschichte der niederl. literatur s. 134.
4) RF. s. CIX.
5) Goedeke schreibt noch grundriss 2 s. 71: 'um die mitte des 12. jahrhunderts'.
6) Kl. schr. II, s. 221 u. Gesch. d. d. lit. 2 s. 230.
7) Gesch. d. d. dichtung im 11. u. 12. jahrh. s. 112.

den dichtungen, die wir in die mitte oder in die erste hälfte des 12. jahrhunderts zu setzen pflegen. Und selbst diese verse lassen sich durch naheliegende emendationen so beschränken, dass der ungefügen verse nicht gar so viele übrig bleiben. Doch wird man sagen müssen, dass Reinhart noch jenseits der epoche liegt, die Heinrich von Veldeke in Deutschland heraufgeführt hat. Zu einem ähnlichen resultate gelangt man auch, wenn man die reime ins auge fasst. Ich gehe hier von den berechnungen aus, die Edward Schröder in seinem buche 'Das Anegenge, Strassburg 1881' s. 20 ff. angestellt hat. Darnach machen die unreinen reime beim pfaffen Wernher etwa 33 % von der gesammtzahl der reime aus, im Anegenge 31 %, in Hartmanns Glauben 24 %, in der Erinnerung an den tod 21 %. Weit günstiger sind die reimverhältnisse im Reinhart. Hier beträgt der procentsatz der unreinen reime nicht einmal 12.[1]) Ich möchte in den reimergebnissen **kein allzusicheres Kriterium** für die datierung der gedichte sehen. Aber da der unterschied in der anzahl der unreinen reime zwischen Reinhart und den übrigen dichtungen so gross ist, so könnte man doch wol den Reinhart für später abgefasst erklären, als alle anderen der genannten gedichte. Besonders möchte ich den Reinhart mit dem Anegenge vergleichen. Nach Schröders darlegung (a. a. o. s. 47) kann dieses gedicht nicht vor 1173 gedichtet sein. Und doch enthält es noch sehr viele unreine reime, weit mehr als Reinhart. So wird man, den umstand, dass das eine gedicht im Osten, das andere im Westen entstanden ist, immerhin in anschlag gebracht, wol annehmen dürfen, dass Reinhart nicht früher, eher später, als das Anegenge gedichtet

---

1) Eine anzahl von reimen, die auf den ersten blick unrein scheinen, erweisen sich bei näherer betrachtung als rein, so die verbindungen zwischen niht und diet, wol auch licht und verriet 1687 f., slahin (= slân) : ingân 807 f., wie hân : vân 747 f.; vân : verlân 1793 f.; dann gâh : sâ 795 f. 969 f. 1699 f. (wie 1689 f.). Für scouffin 789 ist scupfin zu setzen. Verderbt ist gewiss 893 f., vgl. W. Grimm, Graf Rud. s. 13 und Schönbach, Zs. f. d. a. XXIX, s. 58 f.

ward. Aber es mag auch eine dichtung, die örtlich und auch als spielmannsgedicht unserem Reinhart näher steht, herangezogen werden: der Orendel. Ueber die reimverhältnisse dieses gedichtes bin ich, bei der schlechten überlieferung und den ungenügenden ausgaben desselben, etwas bestimmtes zu sagen allerdings nicht im stande. Aber das lässt sich doch wol nicht verkennen, dass die unreinen reime hier in grösserer zahl vertreten sind, als im Reinhart. Und doch ist der Orendel nach dem jahre 1187[1]) entstanden. Alle die angeführten gründe möchten mich bestimmen, die abfassung des Reinhart in die zeit um das jahr 1180 anzusetzen.[2])

Doch woraus hat der dichter seinen stoff geschöpft? Ysengrimus kann nicht die quelle des deutschen gedichtes sein, denn 'nur die vier ersten fabeln (insofern wir der dritten, verlorenen sicher sind) und zum teil die siebente berühren sich mit denen des Reinardus', wie Grimm RF. CVII hervorhebt. Es sind das also die abenteuer hahn und fuchs, der gestohlene bachen, vielleicht die wallfahrt, mönchtum und fischfang und die krankheit des königs. Die übrigen abenteuer des deutschen gedichtes sind dem lateinischen fremd. Aber auch die erwähnte berührung ist, wie man sich bei Grimm RF. LXXI ff. u. CIII ff. leicht überzeugen kann, nicht die folge einer entlehnung des deutschen gedichtes. Dieses hat vielmehr eine französische vorlage gehabt. Das nahm schon J. Grimm RF. CXL und Sendschr. s. 6 an, wenn er auch, wie

---

1) E. H. Meyer, Zs. f. d. a. XII, s. 390 setzt sogar das jahr 1190 an. Harkensee hat sich in seinen 'untersuchungen über das Spielmannsgedicht Orendel Kiel 1879' gegen Meyers argumentation erklärt und hiebei die zustimmung seines recensenten im Liter. centralblatt 1880, sp. 1336, zum teil auch Vogts im Literaturblatt 1880 sp. 444 gefunden. Aber Vogt hält doch mit Meyer die zeit nach 1187 fest und der recensent im Centralblatt unterschreibt auch nicht vollständig Harkensees urteil, da er der positiven seite desselben, dass nämlich der Orendel um die mitte des 12. jahrhunderts abgefasst sei, blos die bemerkung gegenübersetzt, das gedicht sei älter, als c. 1190.

2) An die zeit des minnesangs erinnern RF. 840 ff.

Wackernagel[1]) und andere, der meinung war, das französische gedicht sei verloren. Dagegen behauptete der niederländische gelehrte Jonckbloet in seinem werke Étude sur le roman de Renart p. 63 ff., dass die französische quelle des deutschen Reinhart für uns nicht ganz untergegangen, sondern im Roman de Renart, wenn auch in überarbeiteter gestalt erhalten sei. Zum beweise dessen stellte Jonckbloet p. 124 die sich entsprechenden partien zusammen. Indem ich diese übersicht hier folgen lasse, setze ich die citate nicht blos nach Méon, Le roman du Renart, Paris 1826, sondern auch nach Martins neuer ausgabe der dichtung (Strasbourg 1882 u. 1885) an.

I. Fuchs und hahn RF. 11—176 = Méon br. 5, 1267—1720, Martin II, 23—468.
II. Fuchs und meise RF. 177—216 = Méon br. 6^1, 1721—1862, Martin II, 469—600.
III. Fuchs und rabe[2]) RF. 217—284 = Méon br. 15, 7187—7382, Martin II, 843—1026.
IV. Jägerabenteuer RF. 285—312 = Méon br. 6^3, 1863 ff., Martin II, 600 ff. oder Méon br. 6^4, 2443 ff., Martin XV, 299 ff.
V. Fuchs und kater RF. 313—384 = Méon. br. 6^2, 1984—2102, Martin II, 720—842.
VI. Begegnung des fuchses mit dem wolf RF. 385—448 fehlt im französischen.
VII. Bachenabenteuer RF. 449—498 = Méon br. 18^2, 7807—7960, Martin V, 61—152.

---

1) Noch 1867 sagt Wackernagel, Kl. schrift. II s. 295 f.: 'diese (die branchen, aus denen der deutsche Reinhart geflossen) sind aber verloren und lassen sich aus den branchen, die jetzt den Roman de Renart bilden, nicht mehr herstellen; neben widerholten anklängen findet sich darin doch eine beständige verschiedenheit'.

2) Diese erzählung hat sich wol aus Aesop heraus entwickelt (Halm 204 und 204b). Vgl. Grimm RF. CCLXIV.

3) Haltrich-Wolff a. a. o. s. 41; Voigt, Ysengrimus s. LXXXII. Ueber den singenden wolf vergl. auch Benfey, Pantschatantra I, s. 463 u. 495, Grimm, RF. CCLXXXV. und die finnischen märchen Erik Rudbeck, Helsingör 1852—1863.

VIII. Scene im klosterkeller[3]) RF. 499—550, entfernt nachgeahmt in der 9. branche bei Méon (Martin XIII) aber Méon. br. 24, 14414—14442, Martin VI, 704—730 enthält eine anspielung darauf.
IX. RF. 551—562 fragment von 12 versen.
X. RF. 563—634 fehlen im französischen.
XI. Mönchtum des wolfes RF. 635—725 = Méon br. 3, 917—1130, Martin III, 165—376.
XII. Fischfang RF. 726—822 = Méon br. 4, 1131—1266, Martin III, 377—510.
XIII. Brunnenscene[1]) RF. 823—1060, = Méon br. 13, 6455—7026, Martin IV, 1—478.
XIV. Schwur auf des rüden zähne[2]) RF. 1061—1153, entfernt nachgeahmt Méon 19 br, Martin V, 289 ff.).
XV. Buhlschaft RF. 1154—1238 = Méon br. 1[3], 531—748, Martin II, 1211—1396.
XVI. Krankheit des königs[3]) RF. 1239—2248, nachgeahmt zum teil in Méon br. 20, Martin I, 1—2204, zum teil in Méon br. 26, Martin X.

Die von Jonckbloet über das verhältnis des deutschen Reinhart zum Roman de Renart ausgesprochene ansicht fand auch in Deutschland anklang, so bei E. Martin, welcher Jonckbloets behauptung noch mit der von ihm erkannten näheren beziehung zwischen RF und dem codex A des französischen gedichtes stützte[4]), dann bei Müllenhoff (Zs. 18) und bei Scherer

---

[1] Benfey, Pantschatantra I, s. 182 stellt obiges abenteuer mit Pantschatantra I, 8 'der löwe und hase' zusammen und behauptet, dieses abenteuer, in dem wie in der indischen erzählung, das bild im brunnen eine rolle spiele, sei nicht ohne einfluss der arabischen bearbeitung jener erzählung entstanden, wogegen der in den brunnen geratene fuchs aus Aesop (Halm 45. u. 45b) stamme. Die eimergeschichte führt er auf Peter Alfonsi disciplina clericalis c. XXIV zurück. Vgl. noch Grimm RF. CCLXXVII. Voigt, Kleinere lat. denkmäler, Odo 4; Haltrich-Wolff a. a. o. s. 36. Harris Uncle Remus, London 1881, XVI.

[2] Jagic, Archiv I, 273, II, 631.

[3] Zur ameise als krankheitsursache vgl. Grimm RF. CCLXXXII und Benfey, Pantschatantra I, s. 246.

[4] Examen critique des manuscrits du roman de Renart. Bâle 1872 p. 14 u. 16 und Le Roman de Renart. Strasbourg 1882 u. 1885.

(Gesch. d. d. dichtung im 11. und 12. jhrdt. s. 111)·
Es ist nicht zu läugnen, dass sich zwischen dem deutschen gedichte und dem Roman de Renart, mannigfache übereinstimmungen finden, nicht blos in den haupt- sondern auch in den nebenzügen, hie und da sogar in worten. Aber die vergleichung des deutschen mit dem französischen werke deckt doch auch wider viele unterschiede auf. Zunächst sind nicht alle abenteuer des deutschen Reinhart auch im französischen Roman de Renart enthalten. Doch darauf soll ja kein besonderes gewicht gelegt werden, da Rn. kein geschlossenes ganzes bildet. Dann aber fehlen innerhalb der sich sonst entsprechenden partien dem einen gedichte züge, die in dem andern vorhanden sind, oder das eine gedicht hat sie doch in anderer gestalt oder ordnung, als das zweite. Wol mag einiges von den verschiedenheiten der poetischen gestaltung der dichter, zumal im Rn., zuzuschreiben sein, aber weit häufiger, und zwar bei wesentlicheren zügen, wird man aus der verschiedenheit der motive auch auf die verschiedenheit der vorlagen schliessen müssen, da man in diesen fällen nicht einsehen könnte, warum der eine dichter das motiv oder die motive des andern geändert haben sollte, wenn sie ihm vorgelegen hätten.

Im ganzen bietet RF. die einfacheren, altertümlicheren formen der erzählungen, während dieselben im Rn. meist weiter fortgebildet erscheinen. Doch fehlt es auch nicht an motiven, in denen Rn. natürlicheres und darum auch älteres zu bewahren scheint. Auf eines hat schon Martin Examen critique s. 14 hingewiesen, dass nämlich RF. v. 260 an unpassender stelle die wunde des fuchses erwähnt ist. Diese wunde erhält der fuchs im abenteuer mit dem kater, das auch im RF., wie es im Rn. richtig geschieht, dem abenteuer mit dem raben vorausgehen müsste.

---

1) Einiges zum verhältnis des RF. u. Rn. haben Grimm RF. und Knorr 'die zwanzigste branche des Roman de Renart und ihre nachbildungen' Eutiner progr. 1866, beigebracht.

Ferner hat im RF. die mahnung des hahnes, der fuchs solle sich nicht schelten lassen, keinen rechten sinn, da hier nicht, wie im Rn., vorher von verfolgung und scheltworten die rede ist. Dann ists im Rn. besser motiviert, weshalb der fuchs hinter dem kater herläuft: die jäger nahen nämlich und ebenso erscheint es mir ursprünglicher, wenn Rn. im abenteuer des fischfangs den fuchs in dem momente die flucht ergreifen lässt, da die jagdleute kommen. RF. 639 sagt der deutsche dichter: *dâ truoc er sîne spîse în* — worte, die erst rechte bedeutung gewinnen, wenn man dazu nimmt, was im Rn. vorausgeht, dass der fuchs von einem karren fische gestohlen hat.[1]

Fassen wir alles ins auge, was über das verhältnis von RF. und Rn. vorliegt, so ergibt sich, dass eine gemeinsame grundlage für beide dichtungen angenommen werden muss. Aber zwischen dieser grundlage und den gedichten liegen offenbar noch mehrere stufen der entwicklung, an denen wol auch, was Méon 17779[2]) angedeutet wird, die mündliche tradition anteil hatte. Nur so kann ich mir die mannigfachen differenzen erklären, die bei aller sonstigen übereinstimmung doch zwischen RF. und Rn. hervortreten. Bestimmteres lässt sich freilich über alle diese verhältnisse nicht sagen.

Eben deshalb möchte ich aber auch nicht so bestimmt, wie das Jonckbloet, Gesch. d. ndl. literatur s. 134 tut, aussprechen, dass unser Reinhart die übertragung[3]) eines um 1110 entstandenen, aus 16 abschnitten zusammengestellten, französischen werkes (des alten Renart) sei. Es ist ja am ende doch auch fraglich, ob es ein abgeschlossenes buch war, das dem dichter

---

1) Dieser zusammenhang auch noch im tiermärchen. Vgl. Zs. f. rom. philol. III, s. 618.

2) Diese schon oben angezogene stelle lautet:
Ge l'oï dire a un veillart
Qui sages iert et de grant art.

3) Auch Voigt nennt unser gedicht noch eine armselige übersetzung aus dem Französischen. Ysengr. LXXXVIII.

vorlag oder ob es mehrere dichtungen waren. Dann aber muss auch Jonckbloets behauptung, der deutsche Reinhart sei sehr wahrscheinlich 'eine treue widergabe' seines französischen originales auf widerspruch stossen. Was Jonckbloet dafür anführt, die einfache, schmucklose darstellung kann doch nicht als unanfechtbarer beweis für seine aufstellung gelten. Dagegen erweist sich der dichter gerade als einen selbständigen kopf, der manches aus seinem eigenen dazu tut. Sicher von dem deutschen dichter und nicht aus seiner französischen quelle stammt v. 662 die erwähnung des Nibelungen-hortes, dann v. 1024 die nennung Walthers von Horburg, woran der dichter eine betrachtung anknüpft, ferner die geschichte von der belehnung des elefanten mit Böhmen, v. 2097 ff. und jene von der erhebung der olbente zur äbtissin von Erstein v. 2120 ff. Schon hieraus geht hervor, dass der dichter kein sclavischer übersetzer eines französchen textes ist. Aber ich möchte ihm noch andere stellen zuerkenen, die denselben reflectierenden charakter tragen, wie jene oben citierte, in der Walther von Horburg genannt wird. Dahin rechne ich 801 ff., 992 ff., 2069 ff., 2157 ff., 2175 ff., 2238 ff., sowie die sprichwörter 266 f., 298 f., 1304 f. Endlich könnte man, um die selbständigkeit des deutschen dichters seinem stoffe gegenüber zu betonen, noch daran erinnern, dass wie Grimm RF. CCXXVIII und Müllenhoff (Zs. 18) schon hervorheben, der deutsche dichter einigen französischen namen die richtige deutsche gestalt gegeben hat.

Doch ich habe damit bereits begonnen, die persönlichkeit des dichters zu zeichnen. Er war also ein mann von verstand und selbständigem urteile, aber auch von lebenserfahrung und strengen grundsätzen. Für das erstere zeugt die spruchweisheit. Für seine ethischen lebensanschauungen sind die worte charakteristisch, die er beim tode des löwen über die auszeichnung der lügner und heuchler und die hintansetzung der ehrlichen und treuen am hofe sagt.

Ob diesen worten bittere erfahrungen des dichters selbst zu gruude liegen, wer mag es wissen? — Als dichter können wir Heinrich nicht hoch stellen. Seine darstellung ist einförmig und dürr, ohne leben und ohne schwung. Von kunstvoller anlage und gliederung, wie wir sie in einer andern germanischen tierdichtung, dem nur um einige jahrzehnte jüngern Reinaert finden, ist da gar keine spur. Aber selbst die vorzüge der Renart-branchen, denen Reinhart inhaltlich verwandt ist, vermisst man in dem deutschen gedichte. Die darstellung im Rn. ist farbenreicher, mannigfaltiger. Die örtlichen und zeitlichen situationen werden mehr ausgemalt, bilder werden entfaltet, wo sich der deutsche dichter mit einer kurzen, allgemeinen angabe begnügt. Man vergleiche z. b. doch nur einmal das abenteuer des fischfangs in den beiden recensionen!

Was die äusseren verhältnisse des dichters anlangt, so ist von seiner heimat und der zeit, in der er lebte und schrieb, bereits gehandelt. Sein name ist Heinrich der Glîchezâre (Sendschr. v. 1786), woraus die handschriften der bearbeitung H. d. Glichesere (P.) und H. d. Glichsenere (K.) gemacht haben (vgl. auch 2250). Glîchezâre bedeutet simulator, Gleissner und ist wol, wie J. Grimm (RF, CIX; Sendschr. s. 65) und Wackernagel (Kl. schrift. s. 227 f.) vermuten, nicht ein von dem dichter angenommener, sondern ein ererbter name.[1]) Der bearbeiter legt dem dichter den titel her bei (v. 2251), doch ist er jedenfalls ein armer edelmann. Denn er gehört den fahrenden an, die um geld sangen, wie das seine bemerkungen v. 854 f. und 1791 f. dartun. Die an diesen stellen vorkommende, nachdrückliche betonung der wahrheit, die gleichfalls den spielmann verrät, findet sich auch v. 1787 f.[2]) Einen gewissen grad gelehrter bildung besass Heinrich. Des

---

[1]) Doch vergleiche Scherer, Gesch. d. d. dichtung im 11. u. 12. jhrdt. s. 112 anmerk. und Müllenhoff, Zs. 18, 9.
[2]) Vgl. auch 2248 a und b.

französischen und französischer bücher war er sicher kundig. Ob er aber auch latein verstanden hat, ist ungewiss. Keineswegs spricht dafür, was W. Wackernagel, Kl. schriften II, s. 295 anführt, dass der dichter lateinischen büchern die satire auf ereignisse aus der zeit Ottos I. und den hohn der Benedictiner gegen die Cisterzienser entnommen habe. Dass Heinrich auf die zeit Ottos I. bezug genommen hat, läugne ich, wie man oben gesehen hat und was die satire gegen die Cisterzienser anlangt, so kann Heinrich, er muss dieselbe jedoch nicht aus lateinischen tierepen haben.

Die bearbeitung der alten dichtung ist uns in zwei handschriften überliefert, in dem Heidelberger codex palat. 341 (P) und in einem codex der erzbischöflichen bibliothek zu Kalocsa in Ungarn (K). Nach der letzteren handschrift ist das gedicht bereits von Mailáth und Köffinger in dem buche 'Koloczaer codex altdeutscher gedichte, Pesth 1817', aber wie sichs mir bei der collation ergab, fehlerhaft abgedruckt. Mit der Heidelberger handschrift sind wir durch Grimms text (RF.) und die varianten unter demselben bekannt geworden. Beide codices sind pergamenthandschriften aus dem 14. jahrhundert, in ihrem äussern, in ihrer einrichtung, in dem schriftductus und der malerei einander ähnlich. Ebenso sind die graphisch-sprachlichen eigentümlichkeiten der handschriften im ganzen übereinstimmend. Was ihren werth anlangt, so bietet weder die eine, noch die andere den reinen text der bearbeitung. Doch verdient unter den beiden codices entschieden P den vorzug. Der behauptung Schönbachs (Zs. f. d. a. XXIX, s. 49), wonach 'K nur eine copie von P und zwar mechanisch angefertigt' wäre, kann ich mich nach erneuter prüfung nicht anschliessen.

Von dem bearbeiter wissen wir nicht einmal den namen. Wir sind also bezüglich seiner persönlichkeit nur auf das angewiesen, was wir aus der bearbeitung selbst erkennen können. Augenscheinlich hat er nicht die gleiche heimat mit dem dichter gehabt, denn sonst hätte er nicht eine reihe vorgefundener ausdrücke, die gewiss nicht veraltet waren und aus diesem grunde getilgt werden mussten, durch andere ersetzt. Im übrigen ist von seiner heimat nicht viel zu sagen. Einmal, weil er gewisse sprachliche eigentümlichkeiten des dichters, zumal in den reimen, beibehalten haben mag, da er dieselben zu ändern nicht im stande war, dann, weil jene anhaltspunkte, denen zufolge man den bearbeiter einer bestimmten heimat zuweisen möchte, auch auf andere, benachbarte gegenden bezogen werden können. Ich kann daher nur die behauptung wagen: der bearbeiter ist entweder auch aus dem Elsass oder aus dem benachbarten Mitteldeutschland gewesen.

Auch über die **zeit der bearbeitung** lässt sich nichts bestimmtes angeben. J. Grimm setzt die letztere (RF. s. CX) 'wenigstens fünfzig jahre' nach dem originale an, Wackernagel (Kl. schriften II s. 298) 'etwa um die mitte des 13. jahrhunderts' und Oskar Schade (Altd. wörterb.² CX) 'etwa um 1230'. Gründe führt keiner an, sie lassen sich auch schwer finden, besonders wenn man bedenkt, dass auch von dem bearbeiter Schillers wort gilt 'der n o t gehorchend, nicht dem eignen trieb.' Die befähigung des bearbeiters ist eben keine solche, dass er sich frei bewegen und all den forderungen entsprechen konnte, die der geläutertere geschmack seiner zeit an ein vollendetes gedicht stellte. Ueber das von ihm befolgte verfahren spricht er v. 2252 ff. Der dichter

    lie die rîme ungerihtet.
    die rihte sît ein ander man,
    der ouch ein teil getihtes kan.
    und hât daz alsô getân,
    daz er daz maere hât verlân
    ganz rehte als ez was ê.
    an sümelîch rîme sprach er mê,
    dan ê dran waere gesprochen.
    ouch hât er abe gebrochen
    ein teil, dâ der worte was ze vil.

Die tätigkeit des bearbeiters also galt der form. Er strebte darnach, die reime zu purificieren, doch ist ihm dies nicht bei allen gelungen. Dann suchte er die verse zu bessern, aber auch das ist ihm öfters nicht geglückt. Der schlechten verse gibt es noch eine anzahl. An dem inhalte jedoch ändert die bearbeitung im ganzen nicht viel. Der form wegen fügt sie mitunter flickwörter oder phrasen ein oder sie gibt den bessern ausdruck auf. Aber auch von misverständnissen oder von offenbarer corrumpierung des guten sinnes ist der bearbeiter nicht freizusprechen.[1]) Alles zusammengefasst, war der bearbeiter seiner aufgabe nicht gewachsen und es lässt sich daher nach seiner kunstübung kein sicherer schluss auf die zeit seiner tätigkeit ziehen. In die erste hälfte des 13. jahrhunderts aber wird dieselbe wol fallen.

Es bleibt mir noch übrig, einige worte über die **einrichtung dieser textausgabe** zu sagen. Das gedicht in seiner ursprünglichen gestalt herzustellen, ist ein ding der unmöglichkeit. Denn in jenen partien, für welche die überlieferung des alten textes fehlt, würde die reconstruction desselben aus der bearbeitung heraus auf völlig unsicherer basis beruhen. Es konnte also blos eine edition der bearbeitung unternommen werden. In derselben habe ich mich möglichst an die überlieferung gehalten, einmal um dem programm der 'Altdeutschen textbibliothek' zu entsprechen, dann aber auch, weil ich die von Schönbach a. a. o. ausgesprochenen grundsätze zu den meinigen gemacht habe. Doch weiche ich von Schönbach insoferne ab, als ich zufolge meiner ansicht über das verhältnis von P und K nicht blos P die herrschaft zugestehe, sondern auch K hie und da zum worte kommen lasse. An einigen stellen, an denen PK offenbar entstellt erscheint, dagegen S (die handschrift des alten gedichtes) eine fassung bietet, welche der be-

---

1) Bezüglich des weiteren kann ich auf die feine und treffende charakteristik verweisen, die Schönbach, Zs. f. d. a. XXIX, s. 49 ff. gegeben hat.

arbeiter zu ändern keine nötigung gehabt, habe ich
mir bei S rats erholt. Uebrigens ist der text des ursprünglichen
gedichtes, soweit dieser reicht, zu steter
vergleichung mit der bearbeitung in der note neben
den — durch meine collation rectificierten — varianten
aus P und K abgedruckt. In die noten sind ausserdem
noch die abweichungen des Grimm'schen textes (Gr.)
von dem meinigen, sowie die von mir acceptierten conjecturen
Schönbachs aufgenommen.

Vernemet vremdiu maere,
 diu sint vil gewaere,
von einem tiere wilde,
dâ man bî mac bilde
5 nemen umbe manegiu dinc.
ez kêret allen sînen gerinc
an triegen und an kündecheit,
des quam ez dicke in arbeit.
ez hâte vil unküste erkant
10 und ist Reinhart fuhs genant.
 Nû sol ich iuch wizzen lân,
wâ von diu rede ist getân.
ein gebûre vil rîche,
der saz gemelîche
15 bî einem dorfe über ein velt,
dâ hât er erbe und gelt.
korn und hirses genuoc.
vil harte ebene gienc sîn pfluoc.
der was geheizen Lanzelîn,
20 bâbe Ruotzela daz wîp sîn.
er hâte eine grôze klage:
er muoste hüeten alle tage
sîner hüener vor Reinharte.
sîn hof und sîn garte
25 was niht beziunet ze fromen.

Vor 1 *P* Ditz buch heizet vuchs Reinhart got gebezzer unser vart.
K Ditz ist fuchs Reinhart genant got helf uns in sin lant. 3 *P Gr.* eime
5 *P* umme *PK* manige 11 *P* euch *K* uch 12 *Gr.* sî getân 13 *K* vil
rechte riche *Gr.* vile 16 f. *u. öfter hat Gr.* unde, *die handschr.* vñ. 18 *PK*
eben 20 *P* Ruczela *K* Runtzela 21 *P* hatte 22 *Gr.* muose 24 *PK* hove
25 *P* bezunet *K* bezeunet *Gr.* beziunt 25 f. *PK* frumen: kumen *(und immer so)*.

dâ von muost er dicke komen
ze schaden, den er ungerne sach.
bâbe Ruotzela zuo im sprach
„alter gouch, Lanzelîn,
30 nû hân ich der hüener mîn
von Reinharte zehen verlorn.
daz müet mich und ist mir zorn.
meister Lanzelîn was bescholden,
(daz ist noch unvergolden)
35 doch er des niht enliez,
ern taete, als in Ruotzela hiez.
einen zûn machter vil guot,
dar inne wânt er hân behuot
Schanteclêrn und sîn wîp,
40 den gie Reinhart an den lîp.
 Eines tages dô diu sunne ûf gie,
Reinhart dô niht enlie,
ern gienge zuo dem hove mit sinnen
dô wolter einer unminnen
45 Schanteclêrn bereiten,
ouch brâhtern ze arbeiten.
der zûn dûhtin ze dicke und ze hôch,
mit den zenen er dannen zôch
einen spachen und smucte sich dô.
50 als er nieman sach, des was er vrô,
nû wanter sich durch den hac,
vil nâhe er Schanteclêre lac,
sîn verchvîent Reinhart.
Pinte sîn gewar wart,
55 Schanteclêr bî der want slief.
ver Pinte schrê „her" unde rief
und vlouc bî eine swellen

---

26 *Gr.* muoser   27 *Gr.* denr   28 *P* Runzela *K* Runtzela   33 f. *Gr.* bescholden: unvergolten   36 *PK* er tete als in babe Runzela (*K* Runtzela) hiez   37 *Gr.* machet er   38 *K* wan er hat   39 u. 45 *P* Scanteclern *K* Scanteklern *Gr.* Schanteclêren   40 *P* liet *K (nach meiner collation)* het *Gr.* riet 41 *Gr.* eins   43 *K* (coll.) ze, *Gr.* zem   46 *PK* brachten zu, *P* erbeiten, *Gr.* zarebeiten   47 *K* tzun, *PK* doucht, *P* zu dicke   49 *PK* sinen spachen *Gr.* ein spachen, *PK* senete sich *mit Schönbach:* smucte   52 *PK* nahen, *K* Schantekleren   54 *PK* die henne pinte   56 *PK* vor pinte schre er   57 *PK* vloch

mit andern iren gellen.
Schanteclêr quam gerant
60 und hiez si wider zuo der want
strîchen vil schiere.
„irn durft vor keinem tiere
niemer ûf erwarten
in disem beziunten garten.
65 doch bitet got, vil lieben wîp,
daz er mir beschirme mînen lîp.
mir ist getroumet swâre,
daz sag ich iu ze wâre,
wie ich in einem rôten belliz solde sîn,
70 daz houbetloch was beinîn.
ich fürhte, daz sîn arbeit.
dem heiligen engel sî ez geseit
der erscheine mirz ze guote
mir ist swaere ze muote."
75 Ver Pinte sprach „hêrre unde trût,
ich sach sich regen in jenem krût,
mich entriegen mîne sinne,
hie ist, ich enweiz, waz übeles inne.
der rîche got beschirme dich!
80 mir gât über erklich,
mir grûwet sô, ich fürhte wir
ze noeten komen, daz sag ich dir."
Schanteclêr sprach „sam mir mîn lîp,
mê verzaget ein wîp,
85 danne tuon viere man.
dicke wir vernomen hân,
daz sich erscheinet, daz ist wâr,
manec troum über siben jâr."
ver Pinte sprach „lât iuwern zorn

---

58 *Gr.* ir   63 *PK* nimmer   64 *P* bezuntem *K (coll)* bezuntem
68 *P* euch *K* uch   69 *Gr.* wiech in'm   70 *K (coll.)* houbetloch, *P* beinein
K bemein   72 *P* sei iz *Gr.* sîz   73 *PK* erschein mirs   74 *P* swer zu
75 *PK* vrowe pinte sprach er   75 *P* ienē chrut   77 *K (coll. auch)* entriegen
78 *Nach der coll. auch K* ich enweiz waz *Gr.* neizwaz   80 *K* herklich
81 *PK* growet   84 *PK* mer   86 *PK* vernumen   89 *P* vor pinte, *P* lazet
ewern *K* last iwern, *Gr. hier und in den folgenden zeilen:* lâ, vliuc, gedenke.

90 und vlieget ûf disen dorn,
gedenket wol, daz unser kint
leider harte kleine sint.
verliusest dû hêrre dînen lip,
sô muoz ich sîn ein riuwec wîp
95 und unberâten iemer mê.
mir tuot mîn herze vil wundern wê,
wan ich sô sêre fürhte dîn.
nû beschirme dich unser trehtîn."
Schanteclêr ûf den dorn vlouc,
100 Reinhart in herabe trouc,
Pinte schiere vliehende wart.
under den dorn lief Reinhart,
Schanteclêr im ze hôhe saz,
Reinhart begunde üeben baz
105 sîne liste, die er hât.
er sprach „wer ist, der dâ ûf stât?
bist dû daz Sengelîn?"
„nein ich", sprach Schanteclêr, „ich enbin,
alsô hiez der vater mîn."
110 Reinhart sprach, „daz mac wol sîn,
nû riuwet mich dîns vater tôt,
wan der dem minnesten êre bôt.
wan triuwe under künne,
daz ist michel wünne.
115 dû gebâres zuo undâre,
daz sag ich dir ze wâre.
dîn vater was des mînen vrô.
ern gesaz sus hôhe nie alsô,
gesaehe er den vater mîn,
120 ern vlüge ze im und hieze in sîn

---

93 *P* verlusest du *Gr.* verliustu 95 *PK (coll.)* umberaten, *PK* immer mer 96 *Gr. lässt* vil aus, *PK* wer 97 *PK* wen, *Gr.* wandich 99 *P* vloch *K* vlouch 100 *P* er abe *K* herab, *PK* trouch 101 *P* vliende 103 *K* ze hone 104 *PK* begonde in im daz, *oben mit Gr.* üeben baz 106 *Gr.* werst 107 *Gr.* bistu, *K* Gengelin 108 *Gr.* ichn 111 *P* nu rewet mich dines vater *K (coll.)* nu reuwet mich dines vaters 112 *PK (coll.)* wen der 113 *PK* wan triwe und ir kunne 115 *PK* untare 116 *PK* zware 117 *Gr.* mines 118 *K* Gr. er, *PK* sust 119 *P* gesaech er *K* gesehe er 120 *Gr.* zim unde hiezen, *P* erne vluge zu ime *K* ern vluege zu im und hiez.

willekomen, ouch vermeit er nie,
ern swunge sîne vitechen ie,
ez waere spâte oder vruo.
diu ougen teter beidiu zuo,
125 und sanc im als ein vroelich huon."
    Schanteclêr sprach, „daz wil ich tuon,
ez lêrte mich der vater mîn:
dû solt grôz wilkomen sîn."
die vitech begund er swingen,
130 und vroelich nider springen,
des was dem tôren ze gâch,
daz gerou in sêre dar nâch:
blinzende er singende wart.
bî dem houbete nam in Reinhart.
135 Pinte schrei und begunde sich missehaben,
Reinhart tet niht wan danne draben
und huop sich wundern balde
rehte hin gegen dem walde.
den schal vernam Lanzelîn.
140 er sprach „owê der hüener mîn!"
Schanteclêr sprach ze Reinharte
„war gâhet ir sus harte?
wes lât ir iuch disen gebûr beschelten?
mugt irz im niht vergelten?"
145 „jâ ich, sammir Reinhart",
sprach er, „ir gât eine üppige vart."
Schanteclêr was ungerne dô,
als er im entleip, dô want er sâ vrô
den hals ûz Reinhartes munde.

---

121 *PK* willekumen   122 *P* vitichen *K* vitchen   125 *PK* sang...
vrolichez *Gr.* vrôlich (*ebenso* 130)   127 *PK* iz larte   128 *P* wilkumen *K*
willekumen *Gr.* willekomen   129 *PK* vitich *Gr.* vitchen, *P* begond *K*
begonde   132 *P* gerowe in   134 *K* houbt *Gr.* houpte   135 *PK* begonde,
Gr. Pinte begunde   136 *PK* tet niht danne draben, *Gr.* tet niht wan
draben   138 *K* reht, *P* gegn dem *K* gegen dem (*coll.*) *Gr.* gên dem   139 *PK*
meister Lanzelin *Gr. ebenso*   142 *PK* sust   143 *PK* wes lazet ir, *K* ge-
buren schelden, *Gr.* wes lât ir iuch beschelten?   144 *K (coll.)* mugt *PK*
ir iz   145 *K (coll.)* ja ich   146 *Gr.* ein   147 *Gr.* ungerne dâ   148 *PK*
als er im entweich da *(K* do*)* wart er sam vro, *Gr.* als er ensweic, dô
want er sâ. *Mit Schönbach oben:* entleip.   149 *Gr.* Reinharts.

150 er vlouc zuo der stunde
   ûf einen boum, dâ er genas.
   Reinhart harte trûrec was.
   zehant Schanteclêr sprach,
   dô er Reinharten under im sach
155 „dû hâst mir gedienet âne danc,
   der wec dûhte mich ze lanc,
   dâ dû mich her hâst getragen.
   ich wil dir für wâr sagen,
   dûne brengest mich dar wider niht,
160 swaz dar umbe mir geschiht."
   Reinhart hôrte wol den spot,
   er sprach „er ist tump, sammir got,
   der mit schaden richet,
   daz man im gesprichet
165 oder swer danne ist klaffens vol,
   sô er von rehte swîgen sol."
   dô sprach Schanteclêr, „er waere
   weizgot niht alwaere
   swer sich behuotet ze aller zît."
170 dô schiet sich der spot und ir strît.
   meister Lanzelîn gienc dâ hernâch,
   Reinharten wart dannen gâch.
   im was âne mâze zorn,
   daz er hâte verlorn
175 sîn imbiz, daz er wânde hân.
   vil harte in hungern began.
     Dô gehôrte er ein meiselîn.
   er sprach „got grüeze iuch, gevatere mîn!
   ich bin in einem geluste,
180 daz ich gerne kuste,
   wân, sammir got der rîche,
   dû gebâres ze vremdeclîche.
   gevatere, dû solt pflegen triuwen;

---

153 *PK* zuhant   156 *PK* douchte   160 *P* umme   162 *Gr.* erst tumbe   165 *Gr.* ode   169 *PK* behutete ze, *Gr.* behuotte zaller   171 *K* do   172 *Gr.* Reinharte   173 *Gr.* âne mâzen   177 *PK* gehort, *K (coll.)* ein meiselin   178 *P* euch *K* uch *Gr.* dich   182 *PK* zu vremdicliche
183 f. *PK* trewen : rewen.

nû müeze ez got riuwen,
185 daz ich ir an dir niht vinde
sammir diu triuwe, die ich dînem kinde
bin schuldec, daz mîn bate ist,
ich bin dir holt ân argen list."
diu meise sprach „Reinhart,
190 mir ist vil manec übel art
von dir gesaget dicke.
ich fürhte dîn ougenblicke,
die sint griulîche getân.
nû lâz si zesamene gân,
195 sô küsse ich dich an dînen munt
mit guotem willen drîstunt."
Reinhart wart vil gemeit
von der kleinen leckerheit.
er vreute sich vaste.
200 dannoch stuont si hôch ûf einem aste.
Reinhart blinzete sêre
nâch sîner gevateren lêre.
ein mist si under irn vuoz nam
von aste ze aste sie quam,
205 und liez ez im vallen an den munt.
dô wart ir vil schiere kunt
irs gevateren schalcheit:
die zene wâren ime gereit,
daz mist er dô begripfte,
210 sîn gevater im entslipfte.
er hât harte grôzen vlîz
umb einen swachen imbîz.
des wart er trûrec und unvrô.
er sprach „hêrre, wie kumt diz sô,
215 daz mich ein vogellîn hât betrogen?

---

185 *Gr.* ich'r, *PK* envinde   186 *PK* trewe, *Gr.* diech   188 *PK* an arge list   190 *PK* manic ubel hart   192 *Gr.* fürht   193 *P* grülich *K* greulich   194 *K* laze, *PK* si ze samen gan   195 *Gr.* küssich   200 *PK* dannoch stunt sin gevatere ho uf einem aste, *Gr.* stuonts ûf   201 *Gr.* blinzte   202 *K* gevatern   203 *K* einen, *K* iren *Gr.* ir   205 *K* liezes *Gr.* liez'z   207 *PK* irz gevatern schalkeit, *Gr.* ir   210 *PK* entwischte, *so auch Gr. im texte, in der anmerkung* entslipfte   212 *P* um   214 *Gr.* komt   215 *PK* voglin.

daz müet mich, daz ist ungelogen."
Reinhart kündecheite pflac,
doch ist hiute niht sîn tac,
daz ez im nâch heile müge ergân.
220 dô sach er vil hôhe stân
einen raben, der hiez Diezelin,
der hâte mit den listen sîn
einen niuwen kaese gewunnen,
des begund er im übele gunnen,
225 daz er in solde bîzen âne in.
dô kêrter allen sînen sin,
daz er in im abe betrüge
mit einer kündeclîchen lüge.
Reinhart under den boum saz,
230 dâ der rabe den kaese ûf gaz.
er sprach „bist dû daz Diezelîn?
nû vrewet sich der neve dîn,
daz ich dich bî mir hân gesehen.
mir enmöhte lieber niht geschehen
235 an deheiner slahte dinge.
ich hôrte gerne dîn singen,
ob ez waere dînes vater wîse,
der klafte wol ze prîse."
Dô sprach Diezelin:
240 ich enschilte niht den vater mîn,
für wâr sagich dir daz,
ezn gesanc nie kein mîn vordere baz,
dan ich tuon, des bin ich vrô."
lûte begân er singen dô,
245 daz der walt von der stimme erdôz.

---

216 *Gr.* dast 217 *K (coll.)* Reinhart 218 *P* heute 220 *P* ho *K* hoch
221 *PK* Dizelin 222 *PK* hatte 223 *P* newen 223—226 *fehlen in der handschrift K nicht, sondern nur in dem drucke von Mailath-Köffinger. Sie heissen in K*: einen newen kese gewunnen des begund er im ubel gunnen daz er in solde bizin an in do kart er allen sinen sin 224 *P* begond er im ubel, *Gr.* begunderm 225 *Gr.* ern, *PK* an in 226 *P* kart 227 *K* ab 230 *Gr.* raben 234 *Gr.* mirn möhte, *K* geschen 236 *K* ohne din, *so auch Gr.* 237 *K* dich ob ... vaters, *Gr.* dich in dîns vater wîse 240 *Gr.* ichn, *PK* schelte, 241 *Gr.* sage ich 242 *PK* izn gesanc nie dehein (*K* kein) mîn vordern baz, *Gr.* ezn sanc dehein 243 *PK* den.

Reinhartes bete wart aber grôz,
daz er erhôrte sîne wîse.
dô vergaz er ûf dem rîse
des kaeses, dô er erhuop daz liet.
250 dône wânde Reinhart niet,
ern solde imbîzen sâ ze stunt:
der kaese viel im für den munt.
nû hoeret, wie Reinhart
der ungetriuwe hôvart,
255 warp umb sînes neven tôt.
daz tet er doch âne nôt.
er sprach „lose, Diezelîn,
hilf mir, trûtneve mîn,
dir ist leider mîner nôt niht kunt:
260 ich wart hiute vruo wunt;
der kaese lît mir ze nâhen bî,
er smecket sêre, ich fürht er sî
mir zuo der wunden schedelich.
trûtneve, nû bedenke mich!
265 dînes vater triuwe wâren guot,
ouch hoerich sagen, daz sippebluot
von wazzeré niht verdirbet.
dîn neve alsus erstirbet,
daz mahtu erwenden harte wol,
270 vom stanke ich grôzen kumber dol."
der rabe zehant hin nider vlouc,
dar in Reinhart betrouc.
er wolde im helfen von der nôt
durch triuwe, daz was nâch sîn tôt.
275 Reinhart heschen began.
der rabe wolde nemen dan
den kaese, er wândes haben danc.
Reinhart balde ûf spranc
gelîche als er niht waere wunt.

---

249 *Gr.* dor 250 *K* donen, *PK Gr.* niht 251 *P* in bizin san ze stunt, *K* ern scholde in bizin sazestunt, *Gr.* sold 252 *K* vil 254 *P* der ungetrewe, *K* der ungetriwe hochvart 255 *Gr.* umbȝ 259 *Gr.* dirst 260 *PK* vrowe *Gr.* vruoje 267 *Gr.* wazzer, *ebenso K* 268 *PK* alsust 269 *P* macht du 270 *K* von, *PK* kummer 271 *K* (*coll.*) vlouc, *Gr.* raben *wie* 276.

280 dô tet er sinem neven kunt
sin triuwe: ern weste niht waz er an im rach,
vier er im dâ ûz brach
der vedern, daz er im entran mit nôt.
der neve was Reinharte ze rôt.
285 dô wold imbizen Reinhart,
dô was komen ûf sîne vart
ein jeger mit hunden vil guot,
des wart trûrec sîn muot.
er liez in suochen viere,
290 die funden in vil schiere,
den imbîz muost er dâ lân.
sîn neve soldin von rehte hân.
dô sprungen an in die hunde.
swaz sîn neve kunde
295 getuon, daz im taete wê,
daz teter, vaste er ûf in schrê,
wan erzürnet was sîn muot.
er sprach „des ein gebûr dem andern tuot,
komet dicke lôn, des hoerich jehen.
300 neve, alsô ist iu geschehen."
Reinhart umbe die hunde lief,
der rabe die wîle ouch niht entlief
er wîste die hunde ûf sînen zagel,
ern dorfte niht hân erklîchern hagel.
305 die hunde begunden in rupfen,
der jeger vaste stupfen.
dô was im kündecheite zît,
er sihet, wâ ein rone lît,
darunder tet er einen wanc
310 manec hunt dar über spranc.

---

281 *P* trewe, *K* sin triwe ern weste niht von solcher geschiht waz er
an im rach   282 *PK* vil er, *Gr. schreibt* 281--282: sin triuwe: ern weste
waz er rach | an im: vil er im dô ûz brach | der vedern, daz er entran
mit nôt   284 *Gr* dem neven was Reinhart   285 *PK* wolde vlihen   287 *Gr.*
vile   291 *Gr.* muose   295 *PK* ze tun   298 *PK* daz ein, *K* gebure, *ebenso*
Gr.   299 *PK* hore ich   299 f. *P* jehen: geschen   300 *P* euch . *K* uch
Gr. dir   301 *P* ume   302 *Gr.* raben, *P* enslief *K* entlief *(coll.) Gr.* ent-
slief   304 *PK* niht haben, *K* grozern   305 *K* rupphen   306 *P* stoppfen
K stupphen   308 *PK* wo   309 *K (coll.)* tet er.

der jeger hetzte balde,
Reinhart gienc ze walde.
   Diu katze Diepreht im wider gienc,
Reinhart sie alumbe vienc.
315 er sprach „willekome, neve, tûsent stunt,
daz ich dich hân gesehen gesunt,
des bin ich vrô und gemeit,
mir ist von dir snelheit vil geseit.
daz soltu mich lâzen sehen.
320 ist es wâr, sô wil ich es jehen."
Diepreht sprach dô
„neve Reinhart, ich bin vrô,
daz dir von mir ist wol geseit,
mîn dienest sol dir sîn bereit."
325 Reinhart untriuwen pflac,
er wîste in, dâ ein valle lac,
(ez was ein boesiu neveschaft).
„nû wil ich sehen dîne kraft."
ez was ein engez phedelin,
330 er sprach „nû louf, trûtneve mîn!"
Diepreht weste wol die valle,
er sprach „nû beschirme mich sente Galle
vor Reinhartes übelen dingen."
über die vallen begunder springen
335 und lief harte sêre.
an dem widerkêre
sprach zuo im Reinhart
„nie kein tier sneller wart,
danne dû, trûtneve, bist.
340 ich wil dich lêren einen list,
dû solt sô hôhe sprunge ergeben,
dû maht verliesen wol dîn leben,
bestât dich ein strîtiger hunt.
mir ist susgetân geverte wol kunt."

---

   313 *Gr. lässt* die katze *fallen*   314 *Gr.* in alumbe   315 *Gr. ohne* er sprach, *K* wilkume   318 *PK* snellekeit, *Gr.* mirst diner   320 *PK* ich iz *Gr.* ichs   324 *K* dienst   326 *P* wisete in *K* wiset in *Gr.* wistin, *P Gr.* drühe   332 *K* sent   334 *PK* begond er   339 *PK* denne   343 *PK* bestet   344 *PK* sustgetan, *Gr.* mirst, *ohne* wol.

345 Diepreht sprach „dû entarst noch niht jehen,
louf nâch mir, ich lâz dich sehen
edele sprunge âne liegen."
Si wolden beide einander betriegen.
Reinhart lief sînem neven nâch,
350 dône was dem vordern nicht gâch.
Diepreht über die vallen spranc
und gestuont âne widerwanc,
an sînen neven stiez er sich.
deiswâr, daz was niht unbillich,
355 der vuoz im in die vallen quam.
Diepreht dô urloup nam
und bevalch in Lucifère.
danne huop er sich schiere.
Reinhart bleip in grôzer nôt,
360 er wânde den grimmigen tôt
vil gewislîchen hân.
dô gesach er den weideman,
der die valle dar het geleit.
dô bedorfte er wol kündecheit
365 daz houpt er ûf die valle hienc,
(der gebûr lief balde unde gienc)
diu kel was im wîz als ein snê,
fünf schillinge oder mê
wânt er vil gewisse hân.
370 die aks er ûf heben began
und sluoc swaz er mohte erziehen
Reinhart enmohte niht gevlîehen
mit dem houpte wanct er hin baz,
an der zîte tet er daz.

---

345 *Gr.* dune tarst, *K hat hier noch zwei Zeilen*: Dieprecht zu Reinharten sprach und im des wol veriach du endarft noch niht iehen   347 *P* aue lygen   348 *K (coll.)* beide   350 *PK (coll.)* donen was dem, *K* vordern   352 *Gr.* ân   358 *K* dannen hup er sich gewere   359 *P* bleib *Gr.* blieb   363 *P* druch *Gr.* drûhe   365 *P* daz hub er uf di druch hieng, *Gr.* drûhe   366 *K* gebure lief unde balde gieng   367 *Gr.* sin kel was wiz, *PK* kele   368 *P* vumf *K (coll.)* funf   369 *PK* gewis   370 *P Gr.* axs *K* axe.   371 *K* erzihen: gevlihen *Gr.* erzihn: gevlîehn   372 *K* mohte   373 *P* houbte wanckt *K* houbte waukte *Gr.* houbet wancter   374 *PK* zit.

375 der gebûr sluoc, daz diu valle brach
Reinharte lieber nie geschach.
er wânde hân verlorn daz leben,
sîn kel was umb fünf schillinge geben.
Reinhart sich nicht sûmte,
380 die herberge er rûmte.
in dûhte dâ vil ungemach.
der gebûr im jaemerlîche nâch sach,
er begunde sich selben schelten,
er muoste mit anderm guote gelten.
385   Dô Reinhart die nôt überwant,
vil schiere er Îsengrînen vant.
dô er in von êrst ane sach,
nû vernemet, wie er dô sprach
„got gebe iu, hêrre, guoten tac
390 swaz ir gebietet und ich mac
iu gedienen und der vrouwen mîn,
des solt ir beide gewis sîn.
ich bin durch warnen her ze iu komen,
wan ich hân wol vernomen,
395 daz iuch hazzet manec man.
wolt ir mich zuo gesellen hân?
ich bin listic, starc sît ir,
ir möhtet guoten trôst hân ze mir.
vor iuwer kraft und mînen listen
400 kunde sich niht gevristen.
ich kunde ein burc wol zerbrechen."
do gienc Îsengrîn sich sprechen
mit sînem wîbe und mit sîner süne zwein.
sie wurden alle des enein,

---

375 *K* gebure, *Gr.* ebenso, *P* druhe, *Gr.* ebenso   376 *P* nie liber *K* nie lieber   377 *P* wonte   378 *K* gegeben, *Gr.* schillinc geben   379 *PK* soumte: roumte   382 *K* iemerlich, *Gr.* ohne nâch   383 *K* selbe   384 *Gr.* muose   386 *P* den wolf Ysengrin vant *K* den wolf vant Isengrin   387 *Gr.* ern von êrest   388 *K* vernemt   389 *P* euch *K* uch   391 *P* euch *K* uch   393 *P* zu eu *K* zu uch *Gr.* ziu   394 *K* her wan ich han vernumen   395 *K* wol *am anfange der zeile*   397 *K* ich bin stark so sit listig ir   398 *Gr.* guot   399 *P* ewere, *K* von iwer, *Gr.* iwer, *PK* von minen   400 *PK* konde   401 *PK* konde, *P* eine burc, *Gr. ohne* wol   402 *K* besprechen   403 *Gr.* sinr, *K* mit sinen sunen.

405 daz er in ze gevateren naeme dô.
des wart er s̲î̲t̲ vil unvrô.
Reinhart wante sîne sinne
an Hersante minne
vil gar und den dienest sîn.
410 dô hât aber her Îsengrîn
ein übel gesinde ze ime genomen,
daz muoste im ze schaden komen.
eines tages, dô ez alsô quam,
Îsengrîn sîn süne zuo im nam
415 und huop sich durch gewin in daz lant.
sîn wîp nam er bî der hant
und bevalch si Reinharte sêre
an sîne triuwe und an sîne êre.
Reinhart warp umb die gevateren sîn,
420 dô hât aber her Îsengrîn
einen übelen kameraere.
hie hebent sich vremdiu maere.
Reinhart sprach zuo der vrouwen
„gevatere, möhtet i̲r̲ beschouwen
425 grôzen kumber, den ich trage:
von iuwern minnen, daz ist mîn klage,
bin ich harte sêre wunt",
„t̲u̲o̲ zuo, Reinhart, dînen munt",
sprach hern Îsengrînes wîp,
430 „mîn hêrre hât sô schoenen lîp,
daz ich wol vriundes sol enbern.
wold aber ich deheines gern,
sô waerest dû mir doch ze swach."
Reinhart aber sprach
435 „vrouwe, ich sol dir lieber sîn,

---

405 *Gr.* erD, *PK* nam do. 406 *PK* sint 409 *P* dinest *K* dienst 411 *P* zu ime *K* zu im *Gr.* zime, *PK* genumen: frumen 412 *Gr.* muose 413 *Gr.* eins 414 *P* sin sune *K* sinen sun 415 *Gr.* enlant 417 *Gr.* Reinhart 418 *P* an sine trewe, *K* an sin triwe und an sin ere *Gr.* sin tr. u. a. sin êre 419 *Gr.* um 420 *P* er ysengrin 421 *Gr.* ein 422 *PK* vremde 423 *PK* zu der vrowen, *Gr.* zer 424 *PK* beschowen 425 *PK* kummer 426 *Gr.* dèst. 429 *P* er ysengrims *K* er ysengrines *Gr.* her 431 *P* schal, *PK* enpern 432 *K* wolde. 435 *Gr.* soldin.

waerez an den saelden mîn,
danne ein künic, der sîne sinne
bewant hât an dirre minne
und iuch ze unwerde wolde hân."
440 Nû quam her Îsengrîn, ir man,
dô tet der hübischaere
als der rede niht enwaere.
Îsengrîn âne roup quam,
der hunger im die vreude benam.
445 er seit sînem wîbe maere,
wie tiure ez an dem velde waere.
„mirn wart nie solher nôt kunt",
sprach er, „ieglich hirt hât sînen hunt."
Reinhart einen gebûr ersach,
450 dâ von in allen liep geschach.
er truoc einen grôzen bachen
des begunde Reinhart lachen.
er sprach „hoert her, her Îsengrîn",
„waz saget ir, gevater mîn?"
455 müht ir jenes vleisches iet?"
Îsengrîn und sîniu diet
sprâchen gemeinlîchen „jâ."
Reinhart huop sich sâ,
dar der gebûr hine solde gân,
460 einen fuoz begunder ûf hân
unde sêre hinken,
er liez den rucke sinken,
rehte als er im waere enzwei.
der gebûr in vaste ane schrei.
465 den bachen warf er ûf daz gras,
nâch Reinhartes kel im gâch was.
sîn kolbe was vreislich.
Reinhart sach umbe sich

---

436 *K* an der s.   438 *Gr.* hât bewant an iuwer   439 *PK* und ouch zu, *Gr.* zunwerde   442 *P* in were *K* enwere   444 *P* ime   445 *PK* saget, *Gr.* sîm   446 *P* tewere *K* teure, *Gr.* am   447 *Gr.* noete   448 *PK* er sprach iegl. hirte, *Gr. ohne* sprach er, iegelich   449 *Gr.* ein gebûren sach   451 *Gr.* der   452 *PK* begonde   453 *PK* her er   454 *Gr.* gevatere   455 *Gr.* muget, *PK Gr.* iht   459 *PK* do der, *K* gebure hin   460 *PK* begonde   463 *PK* reht, *P* ime   464 *PK* gebure, *K* an   468 *P* umme *K* nmb.

und zôch in zuo dem walde.
470 Îsengrîn huop sich balde.
ê dan der gebûr mohte wider komen,
sô hât er den bachen genomen
und hâtin schiere vrezzen.
Reinhartes wart vergezzen.
475 der gebûr begund erwinden,
er wânde den bachen vinden.
dô sach er Îsengrîn verre stân,
der im den schaden hâte getân.
dône was sîn klage niht kleine,
480 ern vant weder vleisch noch beine,
wan ez alles gezzen was.
nû viel er nider ûf daz gras,
vil vaste kleit er den bachen.
Îsengrîn begunde lachen,
485 er sprach „wol mich des gesellen mîn,
wie möhte wir baz enbizzen sîn,
ich weiz im dises ezzens danc."
dô wester niht den nâchklanc.
Reinhart quam spilnde unde geil,
490 er sprach „wâ ist hin mîn teil?"
dô sprach Îsengrîn
„vrege die gevatern dîn,
ob si iht habe behalten, des ir wart."
„nein ich", sprach sie „Reinhart
495 ez dûhte mich vil süeze;
daz dir got lônen müeze
und zürne dû niht,
wan mirs niemer mê geschiht",
„mich dürstet sêre", sprach Îsengrîn.
500 „wellet ir trinken wîn?"

471 u. 475 *PK* gebure   473 *K* hatte in   475 *Gr.* gebûre, *K* begonde
479 *K* donen, *P am Rande* niht; *letzeres wort ist in K am anfang der nächsten
zeile, Gr.* klage kleine   479 f. *P* cleine: gebeine *K* kleine: beine   481 *P*
wen iz *K* wenne iz *Gr.* wandez   483 *PK* klait, *Gr.* kleitern   484 *PK*
begonde   485 *Gr. ohne er sprach*   486 *P* mochte wir *K* mocht wir
487 f. *P* danch: clanch   488 *P* weste er   489 *P* spilnde *K* spilende
490 *K* wo   492 *Gr.* gevateren   498 *P* wenne *K* wen   499 *Gr.* dürst.
500 *PK Gr.* wollet.

sprach Reinhart, „des gibich iu vil.
er sprach „darumbe ich wesen wil.
dîn dienst, die wîle ich hân diz leben,
mahtu mir des gnuoc gegeben."
505 Reinhart huop sich durch liste
dâ er einen münchhof wiste,
mit im fuor her Îsengrîn,
ver Hersant und die süne sîn.
ze der kuofen fuorte si Reinhart,
510 Îsengrîn dâ trunken wart.
in sîns vater wîse sanc er ein liet,
er versach sich keines schaden niet.
die den wîn solden bewarn,
die sprâchen „wie ist diz sus gevarn?
515 ich waen wir einen wolf erhôrt hân."
dô quâmen schiere sehse man
der ieglîcher ein stange zôch.
Reinhart balde dannen vlôch,
mit slegen gulden dô den wîn
520 ver Hersant und her Îsengrîn,
man schancte in mit unminnen:
möht ich komen hinnen",
sprach her Îsengrîn,
„ich wolt sîn iemer âne wîn."
525 in was dâ misselungen
über einen zûn sie sprungen,
daz tor was in verstanden,
si entrunnen mit schanden.
dô klagete her Îsengrîn
530 den schaden und die schande sîn,

---

501 *PK* geb ich, *K* uch 502 *P* umme 503 *P Gr.* daz leben 504 *P* macht du, *Gr.* genuoc 506 *P* munchehof weste 507 *P* er Isengrin 508 *PK* vor er in sant 509 *PK* zu der *Gr.* zer, fuortes 510 *K* getrunken (*Gr.* gibt unrichtig betrunken *an*) 511 *P* sines, *K* hat hier noch zwei neue zeilen: in sines vaters wise hub er vil lise an unde sanc er in lit, *Gr.* sanc er 512 *PK Gr.* niht 514 *Gr.* wiest 515 *P* ich wene, *Gr.* wir, waen, ein wolf erhoeret hân 516 *PK* quam in *Gr.* quam in, *K* sehs 517 *P* eine 518 *P* dannen balde 520 *P* vor *K* fur H. 521 *P* schenkete *K* schenket, *Gr.* schanctin 522 *P* moht ich *K* mochte ich 523 *P* er ysengrin. 524 *PK* wolde 527 *PK* tore 529 *K* klagt, *PK* der ysengrin.

im was zeblowen sîn lîp,
erdroschen was ouch wol sîn wîp,
sîne süne was ez vergangen niet:
si sprâchen „vater, ez was ein unzîtic liet
535 und al diu affenheit.
daz sol iu sîn für wâr geseit."
Reinhart dô zuo in gie,
er sprach „waz ist disiu rede hie?"
„weiz got", sprach Îsengrîn,
540 „dâ habwir viere disen wîn
vil tiure vergolden.
ouch hânt mich bescholden
mîne süne, daz ist mir zorn,
mîn arbeit ist an in verlorn."
545 Reinhart zôch ez ze guote.
er sprach „stiuret iuwerm muote,
ich sagiu gewaerlîche,
redet mîn bate tumblîche,
daz ist niht wunder, deiswâr,
550 von diu, er treit noch daz garze hâr.
Dô schiet Reinhart und Îsengrîn.
viel schiere bequam Baldewîn,
der esel, Reinharte.
er was geladen harte.
555 sîn meister hiez in vorgân,
Reinhart bat in stille stân.
er sprach „sage mir, Baldewîn.
durch waz wildu ein müedinc sîn?
wie mahtu vor leiste iemer genesen?
560 woldestu mit mir wesen,

---

531 *P* ze bluwen   533 *P* nieht *K Gr.* niht   535 *PK* alle die
536 *P* euch *K* uch, *PK* fur war sin   538 *PK* dise *Gr.* dis   540 *PK*
habe wir   541 *PK* teure   545 *PK* zoch iz *Gr.* zôchz   546 *PK.* er
sprach gevater stewert ewerm (*K* iwern) mute, *Gr. lässt* er sprach *weg,
nimmt dagegen* gevatere *auf*   547 *PK* ich sag euch (*K* uch) gewerliche
548 *PK* pate *Gr.* bat   549 *K* des war   550 *PK* von deu, *P* garce, *K* no *Gr.*
nochz   551 f. *K* do schiet Reinhart vil schire bequam. *Darauf et* cetera
553—562 *fehlen in K. Die lücke ist zum theil mit dem ende des inhalts-
verzeichnisses des ganzen sammelbandes ausgefüllt*   552 *P* bequam in B.
557 *P* sag   559 *Gr.* vor laste   560 *P* woldest du.

ich erlieze dich dirre nôt
und gaebe dir genuoc brôt."

sînem gevateren er entweich.
Îsengrîne von dem bluote entsweich.
565 er sprach „mich riuwet mîn lip
und noch mê mîn liebez wîp,
diu ist edel unde guot
deiswâr und hât sich wol behuot
vor aller slahte üppicheit,
570 ir was ie diu bôsheit leit,
ouch riuwent mich die süne mîn,
die müezen leider weisen sîn,
wan daz die ein muoter hânt,
diu vüeret sie wol in daz lant.
575 darzuo ich guoten trôst hân,
si nimet niht keinen andern man."
Dise klage gehôrte Künîn.
er sprach, „waz ist iu, her Îsengrîn?"
„dâ bin ich vreislîchen wunt",
580 sprach er, „ich waene gesunt
niemer werde mîn lip.
vor leiden stirbet ouch mîn liebez wîp.
Künîn sprach „sine tuot.
si enhât sich nicht sô wol behuot,
585 als ich dich iezuo hoere jehen.
ich hân zwischen iren beinen gesehen:
Reinhart hât si gevrît,
ich enaz, noch entranc sît.
mac daz gebriutet sîn,

Das ursprüngliche Gedicht. 588 ic eht dc   sin. ez gie vz   ñ in.

---

562 *P* und gebe dir gnuc zc' †, *Gr.* genuogez. *Nach* 562 *sind in P zwei zeilen leer*   564 *K* Isengrin, *Gr.* vome   567 *Gr.* edele   568 *P* deswar *K* (coll) deis war, *K* het   573 *K* nie muter   574 *P* di *K* die, *PK* vuret   576 *Gr.* nimt deheinen   578 *P* euch *K* uch. *In Gr.'s text fehlt* er sprach, *für* her *hat er* hèrre   581 *PK* nimmer   582 *Gr.* leide, *K* ouch min wip   586 *Gr.* ir   587 *PK* gevriet   588 *K* ichn, *P* siet *K* sit.

590 daz ûz gât und aber în?"
      Îsengrîn hôrte maere
      diu ime wâren swaere.
      er viel vor leiden in unmaht.
      ern weste, ob ez waere tac oder naht.
595 des lachete Künîn.
      dô quam zuo sich her Îsengrîn.
      er sprach „schôch, ich hân arbeit,
      dar zuo hâstu mir geseit
      mit lügene leidiu maere,
600 ob ich sô tôreht waere,
      daz ichz für wâr wolde hân.
      dû müestes mir dîn ougen lân,
      und haet ich dich hie nidere,
      dû quaemest niemer widere."
605 Sus antwortim Künîn
      „ir sît ein tôre, her Îsengrîn."
      Îsengrîn hiulet ze hant.
      vil schiere quam ver Hersant,
      alsô tâten ouch sîn süne dô:
610 des was her Îsengrîn vil vrô.
      weinende er zuo in sprach

alsein bescintiz stabilin. singrin horte mere. div warin ime swere. er viel nor leide in un maht. er wisse weder was dac od' naht. 595 des lachete konin. do kan zesich h' Isingrin. er sprach scraz ih han arbeit. dar zů hast du mir ge seit mit lugin leidiv mere. 600 obe ich so gauch ware. daz ih ez wolte gelovben. ez gienge dir an div ovgen. hate ih dih hie nidere. dv enkomist niem widere. 605. kůnin anwurte sus. er sprach alter govch dv bist eus. singrin hulen began. frowe h'sint schiere kam. also daten ovch die sune sin. 610 des frowete sich do isin g'n. weinunde er zů in sprach.

---

590 *PK (coll.)* und aber   593 *Gr.* leide   594 *PK* ob iz wer, *Gr.* obz
595 *PK* lachte   596 *P* er I.   597 *P* stoh *oder* scoh *K* schoch   601 *P*
ver ware *K* fur war   602 *P* mustiz *K* mustez *Gr.* müeses   603 *P* hete
ich   605 *PK* sust   607 *PK* hulet *Gr.* hiulte   608 *PK* (coll.) vor
609 *PK* sine   610 *P* er I.   611 *P* im.

„alsus gerne ich iuch nie gesach,
lieben süne unde wîp,
ich hân verlorn mînen lîp.
615 daz hât mir Reinhart getân,
daz lât im an sîn leben gân.
darzuo hât nû Künîn
genomen gar die sinne mîn:
in mînem grôzen siechtagen
620 begunder mir übeliu maere sagen,
daz ir waeret worden Reinhartes wîp.
ich hât verlorn nâch mînen lîp.
ez waere mir iemer swaere.
wan daz man einem lügenaere
625 niemer niht gelouben sol,
ich drouwete ime entriuwen wol.
ver Hersant dô sprach
„ich bin, diu Reinharten nie gesach,
weiz got, bî drîn tagen.
630 her Îsengrîn, ich sol iu sagen,
lât iuwer veltsprâchen sîn."
dô wart geleckt her Îsengrîn

alsus g'ne ich ivch nie gesach. liebin sune unde wib. io han ich uerlorn minen lip. 615 daz hat mir R. getan. daz lant ime an daz lebin gan. dar zů hat nir kůnin. genomin minen sin. inmineme grozin siche agē 620 begunder mir
ich
vbiliv me e sagin. dc. ivch R. hate bi gele n. da hate nah
vil
uerlorn daz ɔin. ez ware mir sware. wan daz man lugenaren. 625 niht sol g lovben. nu sehint ihdrie ime an die ovgen. Frowe h'sint do sprach ich bin div R^{ten} gesach. weiz got in drin tagen. 630 h' isingrin ich sol ivch sagin. lant iwer asprachen sin do wart geleidiget isingrin.

---

612. *PK* alsust 619 *PK* minen 620 *P* ubele, *K* ubel mer 621 *K* wert *Gr.* waert 622 *PK* hatte 623 *Gr.* waer 624 *Gr.* man lügenaere 626 *P* trowete ime an trewen weiz got wol *K* trowet ime an triwen wol; drouwete u. entriuwen *mit Schönb.; Gr.* trouwet im an triuwen 630 *P* euch *K* uch 631 *PK* lazet 632 *P* lecket, *ebenso Gr.*

        beidenthalp, dâ er was wunt,
        dô wart er schiere gesunt.
635   Reinhart zôch ze neste,
        er vorhte vremde geste:
        ein hûs worhter balde
        vor einem loche in dem walde.
        dâ truoc er sîne spîse în."
640   Eines tages gienc her Îsengrìn
        bi daz hûs in den walt,
        sin kumber was manecvalt:
        von hunger leit er arbeit,
        ein laster was im aber gereit.
645   Reinhart was wol berâten,
        dâ hâte er gebrâten
        aele, die ersmacte Îsengrìn.
        er dâhte „âhâ, diz mac vil wol sîn
        ein teil guoter spîse."
650   der smac begunde in wisen
        für sînes gevatern tür.
        dâ satzte sich her Îsengrìn für.
        dar în er bôzen begunde.
        Reinhart, der wunder kunde,
655   sprach, „wan gât ir niht dannen stân?

beiden halben da er was wunt. do wart er schiere gesunt.
635 R. zoch sich zŏ vestin. er uorhte vremide gesti. ein
hus worhte er balde uon eineme loche indeme wal da
zoch er sine spise in. 640 eines ta ges do gie isingrin
wider^{de}selbe hus in den walt. sin kunb' d' was manivalt.
von hungere leit er arbeit. ein last' was im ab' gereit
645 R. was wol beratin. do hater gebratin. ale die irsmacte
isingrin. er dachte achach diz mac wol sin vil harte gŭt
spise. 650 d' tras begunde in wisin. vur sines ge uat'ren
ture. da sazte sich isingrin fure. dar in er bozen began. R.
d' wunder kan. 655 sprah wan gan ir von d' ture.

---

    637 *P* worhte er   638 *P Gr.* eime   642 *PK* kummer   646 *PK*
hatte   647 *P* ele die smackete *K* ele die smacket, *Gr.* smacte 648 *Gr.* âhî
649 *P Gr.* spisen   650 *PK* begonde, *Gr.* begundin   651 *K* gevateren,
ebenso Gr.   653 *Gr.* dar an   653 f. *PK* begonde: konde (*K* bekonde)
654 *PK Gr.* ohne der (*das ich aus S. nehme*)   655 *Gr.* er sprach, *PK* get,
K (coll.) stan.

dâ sol tâlanc nieman ûz gân,
daz wizzet wol, noch her în.
war tuostu, müedinc, den sin dîn?
wan bern ir vil schône?
660 ez ist tâlanc after nône.
wir münche sprechen niht ein wort
umb der Nibelunge hort."
„gevatere", sprach her Îsengrîn,
„wildu hie gemünchet sîn
665 iemer unz an dînen tôt?"
„jâ ich", sprach er, „ez tuot mir nôt:
dû woldest mir ân schulde
versagen dîne hulde
und woldest mir nemen daz leben."
670 Îsengrîn sprach, „ich wil dir vergeben,
ob dû mir iht hâst getân,
daz ich dich müge ze gesellen hân."
„dû maht lîhte vergeben", sprach Reinhart.
mîn leben werde vürbaz niht gespart,
675 ob ich dir ie getaete einen wane.
woldestu mirs wizzen danc,
zwei âles stücke gaebich dir,
diu sint hiute über worden mir."
des wart Îsengrîn vrô,
680 wîte begunder ginen dô.
Reinhart warf si im in den munt
„ich waere iemer mê gesunt",

dalanc kumit nie   man dar fure. de wizzist w   nob her in.
war tůnt ir mı nc uwerin sin. wan var   n scone. 660 ez
ist dalāc afti

---

656 *P* sal   657 *K* wizet, *Gr.* noch wol   658 *K* tust du, *Gr.* dinen sin   659 *Gr.* bert   660 *PK* iz ist, *Gr.* eist tâlane   661 *Gr.* spraechen   662 *P* umbe, *ebenso Gr.*   663 *K* gevater   669 *Gr.* nemen mir   671 *Gr.* habest   672 *PK* muge   673 *P* du macht mir lichte vergeben sprach Reinhart; *K bildet hier die sechs folgenden Zeilen:* du macht mir lichte vergeben sprach er vil eben Reinhart mîn leben daz hore ouch vil eben werde vurbaz niht gespart alsust antwort er Reinhart, *Gr.* „daz mahtu" sprach.   674 *Gr. ohne* vürbaz   675 *Gr.* ie tæte   676 *K* mir   677 *PK* gebe ich   678 *P* heute *Gr.* hiut   680 *K* begonde er, *Gr.* ginen, *mit Schönb.* ginen   681 *Gr.* warfs im.

sprach der tôre Îsengrîn,
„sold ich dâ hinne koch sîn."
685 Reinhart sprach „des mahtu gnuoc hân,
wildu hie bruoderschaft enphân,
dû wirdest meister über die brâten."
dô wart er sân berâten.
„daz lobich", sprach Îsengrîn.
690 „nû stôz", sprach er, „dîn houpt herîn."
des was Îsengrîn bereit,
dô nâhet im sîn arbeit.
dar în stiez er sîn houbet grôz.
bruoder Reinhart in begôz
695 mit heizem wazzer, daz ist wâr,
daz fuort im abe hût und hâr.
Îsengrîn sprach „diz tuot wê mir."
Reinhart sprach „waenet ir
mit senfte paradîs besitzen?
700 daz komet von unwitzen.
ir muget gerne liden dise nôt.
gevater, swennir liget tôt
diu bruoderschaft ist alsô getân,
an tûsent messen sult ir hân
705 teil allertegelich.
die von Zitiâs füerent dich
ze dem vrône himelrîche,
daz wizze gewaerlîche."
Îsengrîn wândez waere wâr,
710 beide sîn hût und sîn hâr

698 we sprach isingrin. wanit ir mit   senfte paradise besizzin
700 daz ku   met von vnwizzin. ir mugint   g'ne liden dise
not. gevat'e sven   nir ligent dot. div brod'scaft ist   also
getan. an cehinzic tusint   messin sulint ir han.   705 deil
allir   tagelich. die von citel fûrint dih. zefrone himelriche.
dc weiz ich   warliche. Isingrin wande ez ware   war.
710 beide sin^{hut}uū sin. har.

684 *PK* da hin *Gr.* dâ inne; hinne *mit Wackernagel (L. B.)*. 687 *K*
(coll.) wirdest   688 *P* da, *K (coll.)* san   693 *K* houbt   699 *P* baradys *K*
Gr. baradis   702 *Gr.* gevatere   703 *Gr.* sô   704 *K* schult   706 *PK*
vurent, *K* zms.   709 *PK* wande iz.

ruwen in vil kleine."
er sprach „bruoder, nû sol gemeine
die aele sîn, die dinne sint,
sît wir sîn worden gotes kint.
715 swer mir ein stücke versaget,
ez wirt ze Zitiâs geklaget."
Reinhart sprach, „iu ist unverseit,
swaz wir hân, daz ist iu bereit,
in brüederlîcher minne.
720 hie ist niht mê vische inne.
wolt ir aber mit mir gân,
dâ wir einen tîch hân,
in dem sô vil vische gât,
daz ir nieman ahte hât?
725 die bruoder hânt si getân darîn.
„wol hin", sprach her Îsengrîn.
dô huoben sie sich âne zorn,
der tîch was übervrorn.
sie begunden daz îs schouwen,
730 ein gruobe was drîn gehouwen,
dâ man wazzer ûz nam,
daz Îsengrîne ze schaden quam.
sîn bruoder hâte sîn grôzen haz,
eines eimbers niht er dâ vergaz

ruwī   in vil cleine. er sprach geuatere   nu sol gemeine.
die ale siu die   da inne sint. sit wir wurdin   gotis kint.
715 swer mir ein stucke v'saget. ez wirt ze citel geclagit. R.
sprach ez ist dir unv'seit. swaz   wir han dc ist din (sic!) gereit.
inbrů   dirlicher minne.   720 hie nist nůme   fisce inne.
woltint ir gan. da wir   einen wiger han. da ist inne fisce
d' maht. ir kan nimā wizzin aht.   725 die brodir leiten se
drin. wolhin   sprach isingrin.   Der wiher was   vber frorn.
dar hůbin sie sich   ane zorn. sie begunden dc is scǔ   wen.
730 ein loch was drin gehau   wen. da man wazzir uz nam.
dc isingrine ze scadē kā.   Sin   brůder hate sin grozin haz.
eines eimirs ist (sic!) enweiz wer da   uergaz.

---

711 *P* rowe, *K* die rowen.   712 *PK* sit gemeine *Gr.* lât gemeine
713 *PK* da inne   714 *PK* sint wir   717 f *P* euch *K* uch   718 *Gr.* deist
720 *Gr.* hiest   722 *K* do   729 *PK* begonden daz *Gr.* begundenz   733 *PK*
hatte *Gr.* hât   734 *Gr.* eins, *P* eines eimers, *K* eins aimers niht er vergaz.

735 Reinhart was vrô, daz er in vant
sînem bruoder ern an den zagel bant.
dô sprach her Îsengrîn:
„in nomine patris! waz sol diz sîn?"
„ir sult den eimber hie în lân,
740 wan ich wil stüren gân
und stât vil senftecliche,
wir werden vische rîche:
wan ich sie sihe durch daz îs."
her Îsengrîn was niht wîs:
745 „sage, bruoder, in der minne,
ist iht vische hinne?"
„jâ ez, tûsent, die ich hân gesehen."
„daz ist guot, uns sol wol geschehen."
Îsengrîn pflac tumber sinne,
750 im gevrôs der zagel drinne.
diu naht kalten geriet,
sîn bruoder warnete in niet.
Reinhartes triuwe wâren laz,
er gevrôs im ie baz und baz
755 „dirre eimber swaert", sprach Îsengrîn,
dâ hân ich gezelet drin
drîzic aele", sprach Reinhart,

735 R. was fro daz er in vant. sime brůder ern anden zagel bant. Do sprach isingrin innomine patris waz sol diz sin. i s ůt den eiṁ hie in lan. 740 wan ich wil pfulsin gan. vṅ stant vil sempfticliche. wir werdin visce riche. wande ih sihe sie durh daz is. R. was los isingrin unwis. 745 sage brůdir in d' minne. ist' de hein al hie inne. ia ez tusint die ich er sehin han. dc ist mir liep wir suln sie van. isingrin pflac tumbir sinne. 750 ime gefror d' zagil drinne. div naht was kalt uṅ (sic!) lieht. sin brů dir warnete sin niet. R tis driuwe warin laz er gefror ie baz uṅ baz. 755 Dirre eimir swerit sprach isingrin. da han ich gezellit drin. drizic ale sprach R.

---

736 *Gr.* sime, *P* brudere er in *K (coll.)* sinem bruder er in 739 *K* hin in 740 *PK* sturmen *Gr.* stürmen, *mit Schönb.* stüren   743 *PK* wen *Gr.* wand 745 *PK Gr.* er sprach, *K* sag 748 *Gr.* deist, *P* geschen 749 *PK* tummer 750 *Gr.* dinne 752 *PK* warnet in niht, *Gr.* niht   755 *PK* diser, *P* sweret.

„diz wirt uns ein nütziu vart.
kundet ir nû stille gestân,
760 hundert wellen iezuo în gân."
als ez dô begunde tagen,
Reinhart sprach „ich wil iu sagen,
ich vürhte daz wir unser rîcheit
vil sêre engelten, mir ist leit,
765 daz sô vil vische dinne ist.
ichn weiz iezuo deheinen list.
irn muget sie, waen ich, erwegen.
versuocht, ob irs muget herûz gelegen."
Îsengrîn zocken geriet.
770 daz îs wolde smelzen niet.
den zagel muoster lâzen stân.
Reinhart sprach „ich wil gân
nâch den bruodern, daz sie balde komen.
dirre gewin mac uns allen fromen."
775 vil schiere ez schône tac wart,
dannen huop sich Reinhart.
Îsengrîn der vischaere,
der vernam vil leidiu maere.
er sach einen rîter komen,
780 der hâte hunde ze im genomen.
er quam ûf Îsengrînes vart

diz wirt ein nuz ze vart. kunnint ir stille gestan. 760 zehinzic wellint drin gan. Alsez do begunde dagen. R. sprach ich wil ivch mere sagin. ich furh te wir unsir giticheit. uil sere engeltin mir ist leit. 765 dc so uil uisce drinne ist. ich neweiz (ne *radiert*) der zů neheinen list. ir mugint sie niht uz er hebin. sehint ob ir sie mugint ir wegin. isingrin ge riet zucken. 770 dc is begunde druc ken. den zagel er mûze da stan R. sprach ich wil gan. nah unsirn brůderî u r haim. dirre gewin wirt niht clein. 775 Der dag be gunde uf gan. R. hůb sich dan nan. isingrin der viscere d' uernā leide mere. er sach einen riter komen. 780 d' hate hunde ze ime ge nomē. isingrine kom er uf die vart.

---

760 *PK* wollen iezu drin   762 *P* eu *K* uch   763 *Gr.* ohne daz
766 *Gr.* ine   768 *Gr.* meget   769 *PK* kochen   770 *PK* niht *Gr. ebenso*
771 *Gr.* muoser   773 f *P* kumen: gefrumen *K* kumen: frumen   778 *Gr.*
ohne der   780 *PK* zu im *Gr.* zim.

daz vischen im ze leide wart.
der rîter her Birtîn hiez,
dehein tier er ungejaget liez.
785 hern Îsengrîne daz ze schaden quam,
die var er gegen im nam.
als er Îsengrînen sach,
zuo den hunden er dô sprach
„zuo" und begund sie schupfen.
790 dô gerieten sie in rupfen.
Îsengrîn beiz al umbe sich
sîn angest was niht gemelich.
her Birtîn quam gerant,
sîn swert begreif er zehant
795 und erbeizte vil snelle.
ûf daz îs lief er ungetelle.
er huop dô daz swert sîn,
des wart vil unvrô her Îsengrîn.
er hâte vaste geladen,
800 daz quam im dâ ze schaden.
wan wir hoeren wîse liute sagen,
swer erhebet daz er niht mac getragen,
der muoz ez lâzen under wegen".
des muost ouch Îsengrîn nû pflegen.

dc fiscen ime ze leide wart. der rîter hiez h' birtin. an iagin kertir sinen sin. 785 dc kam herrē isingrine zescaden. uf d' uart begund' drabin. alser isingrinē gesach. zů den hunden er do sprach zů uñ begunde sie scuffin. 790 sie gerietin in sere rupfin. isingrin beiz umbe sich. sich (sic!) an gist der was grozlich. Herre birtin kā gerant. dc swert krif ter mit der hant. 795 uñ irbeizte des was ime gach. uf dc is lief er sa. daz swert hůb er harte ho. des wart der fiscere vil un fro. er hate ze uaste geladen. 802 swer irhebit dc er niht mac getragē. d' muz ez under we gin lan. als waz ez ouch umbe isingrine gethan.

---

784 *K* kein, *P* ungelat *K* ungelabt *Gr.* ungelabet 785 *P* ern 786 *Gr.* vart, ime 789 *P* zu *K* zu zu, *PK* schuppfen (schuppheu), *Gr.* zazâ, gund 790 *PK* ruppfen 791 *P* alumme 795 *Gr.* erbeizete 796 *Gr.* ûfez, lief' r 798 *Gr.* wart unvrô 801 *PK* weu wir horen wise leute sagé 802 *K* swer do hebt, *Gr.* swer hebet 804 *Gr.* muose.

805 Îsengrìn was besezzen,
her Birtin hâte ime gemezzen,
daz ern ûf den rucke solde troffen hân,
dô begunden im die vüeze engân:
von dem slipfe er nider quam,
810 der val im den swanc nam.
umb den val erz niht enlie,
an den knien er dô wider gie.
diu glete im aber den slac verkêrte,
daz er im den zagel versêrte
815 und sluoc in im gar abe.
sie hâten beide grôze missehabe.
dô was hern Birtînes klage,
daz er hât vermisset an dem slage.
ouch kleite sêre her Îsengrîn
820 den vil lieben zagel sîn.
den muoster dâ ze pfande lân.
dannen begunder balde gân.
Reinhart, der vil hât gelogen,
der wirt noch hiute betrogen,
825 doch half im sîniu kündecheit
von vil grôzer arbeit.

805 isingrin was be sezzin. h' birtin hate ime gemez zin. den rucke wolter ime inzwei slahin. do begunden ime die fuze ingan. von me sliffe er nider kā. 810 div gleti ime den swanc nā. umbe den sturz er niht enlie. an dem (*sic!*) kniwin er wider gie. div gletin im ab' dem (*sic!*) swanc nā. dc er heht ubir den zagel kam. 815 den slûc er ime garwe abe. sie ir hûbin bei de groze clage. Her birtin do clagete. dc er v'misset habete. ouch clagite sere isingrin. 820 den vil liebin zagil sin. den mûser da ze pfande lan. do hûb er sich dannan. R. d' uil hat gelogin. d' wirt noh hute betrogin. 825 doch gehalf ime sin kundicheit. von notlichir ar beit.

---

806 *K* er Birtin 807 *Gr. ohne* ûf den 808 *K* begonde, *PK* die buze engan, *Gr.* begunde im diu buoze engûn, *doch in der anmerkung die conjectur:* dâ gunden im die füeze engân. Vgl. *Send.* 811 *P* umme den *K* umbe den *Gr.* umben 813 *K (coll.)* den, *Gr. ohne* im aber 814 *P* vorserte 815 *PK* slugen im *Gr.* sluogen im 816 *K* hatte beide groz misse habe 818 *Gr.* ame 819 *K* klait *Gr.* klagete 821 *Gr.* muoser dô, *PK* do.

zuo einer zelle in sîn wec truoc,
dâ wester inne hüenre gnuoc.
keinen nutz er des gevienc,
830 einiu guotiu mûre drumbe gienc.
Reinhart begunde umbe gân,
vor dem tore sach er stân
einen burnen, der was tief und wît,
dâ sach er în, daz rou in sît.
835 sînen schaten er dâ drinne gesach.
ein michel wunder nû geschach,
daz der sich verginte hie,
der mit listen vil begie.
Reinhart wânte sehen sîn wîp,
840 diu was im liep als der lîp
und enmohte sich doch niht enthân,
ern müeste zuo der vriundîn gân.
wan minne gibet hôhen muot,
dâ von dûhte sie in guot.
845 Reinhart lachete dar în,
dô zannete der schate sîn.
des wester im niht kleinen danc,

zû einer cellin er sih hûb. da   wiste er inne hûner genûc.
de in half in niht weizgot. 830 sie was wol umbe murot.
R. begunde   umbe gan. vor dem tor sach er stan.   einē
sot dief vn̄ wit. da sach er in   de gerŏwin sit.   835 sinē
scatin er drin   ne gesach. ein michel wunder nv   gesach.
de der ergŏchete hie. der   mit listen wunders vil begie.
R. wande sehin sin wib. 840 div was   ime lieb alsam d'
lib. wan de er sih   doh niht wolte unthaben. ern mv̂s   te
frivndinne haben. wande min   ne git hohen mût. da von
duhte   si in gût. 845 R. lachete dar in. do zan   nete d'
scate sin. des wister ime   michelin danch.

---

828 *K (coll.)* inne hucner genuc, *Gr.* genuoc   829 *Gr.* deheinen
830 *Gr.* ein, *PK* dar umme (*bei Grimm unrichtig:* P darumb). 831 *K* begonde
umme   833 *Gr.* ein brunnen *u. immer diese Form*   835 *K* dar inne sach
Gr. da inne sach   836 *Gr.* im geschach   837 *PK* er her gente *Gr.* er
ergente. *Obiger text nach Schönbach.*   842 *PK* (coll.) vrunden, *Gr.* müese,
vriunden   843 *PK* wenne, *K* gibt dir   847 *K* weste er, *PK* im cleinen
(kleinen) *Gr.* ime cleinen.

vor liebe er in den burnen spranc.
durch starke minne tet er daz.
850 dô wurden im diu ôren naz:
in dem burnen er lange swam,
ûf einen stein er dô quam,
dâ leiter ûf daz houbet.
(swer des niht geloubet,
855 der sol mir drumbe niht geben).
Reinhart wânte sîn leben,
weiz got, dâ versprochen hân.
her Îsengrîn begunde dar gân
ane zagel ûz dem walde,
860 zuo der zelle huop er sich balde.
Er was noch nicht enbizzen.
ir solt vil wol wizzen,
ein schâf hæte er gerne genomen,
des envant er niht, nû ist er komen
865 über den burnen vil tief,
dô wart aber geeffet der gief.
Îsengrîn dar in sach.
vernemet reht, waz im geschach,
sînen schaten sach er dinne.
870 er wând, daz ez sîn minne
waere, ver Hersant.

vor liebe er in dē sot spranch. durh starche minne det
er daz. 850 do wurdin im div oren naz. Indeme sode
er lange swā. uf einen stein er do quā. da leiter uf dc
hûbet. swer diz niht gelū bet. 855 der sol mir drumbe
niht ge bin. R. wande sin lebin. weizgot da vursprungen
han. do kā her isingrin gigan. ane zagel uzer dē walde.
860 zû der celle hûb er sih balde. ern was noch niht en-
bizzin. ir suln vil wol wizzen. ein schaf hater gerne ge-
nomō. 865 vnvirwa net komer uber den diefin sot. des
kom sin lib in groze not. isingrin dar in sach. nv v'nement
rehte waz im geschah. sinen scaten sach er drinne. 870 er
wande dc frowe h'sint. sin drut minne ware dar inne.

---

848 *PK* brunnen   851 *K* brunnen   853 *K* do   855 *PK* sol drumme,
Gr. darumb.   858 *PK* begonde, *Gr.* dare   861 *Gr.* ern   862 *Gr.* wole
863 *P* hette er *K* het er *Gr.* haet er   865 *PK* brunnen, *Gr.* vile.   871 *Gr.*
vrouwe H.

daz houbet tet er nider zehant
und begunde lachen.
semelîcher sachen
875 begienc der schate dinne,
des verkêrten sich sîn sinne.
er begunde Hersante sîn laster sagen
und von sînem schaden klagen.
vil lûte hiulet Îsengrîn.
880 dô antwurtim der dôn sîn.
sîn stimme schal in daz hol.
er was leckerheite vol,
daz wart vil schiere schîn.
Reinhart sprach „wer mac daz sîn?"
885 Îsengrîn ergetzet wart,
er sprach „bistu daz, gevater Reinhart?
sage mir in der minne,
waz wirbest dû darinne?"
Reinhart sprach „mîn lîp ist tôt,
890 mîn sêle lebet âne nôt.
daz wizze waerlîche.
ich bin hie in himelrîche.
dirre schuole ich hie pflegen sol,
ich kan diu kint lêren wol."

isingrin begundͤ dc hûbet sin. vil dicke hebin vz vn̄ in.
875 dc selbe det d'inne d' schate sin. des becherter sinen
sin. frowen hersinde begunder clagin. groz laster uñ scadin.
vil harte begunder hvlen. 880 do ant wurte im sin don.
sin stimme div hal indc hol. d' sot was lechir heite vol.
dc wart vil sciere schī R. sprach waz mac dc sin. 885 ising-
grin irgŭchet wart. er sprach bist dv dc brůder R. ich
frage dich in der minne. waz dv dŏst dar inne. er sprach
min lib ist dot. 890 min sele wunt ane not. dc wizzēt warliche.
ich bin in himelriche. mir ist div scŭle hinne beuolhē. ich
kan div kint wol leren.

---

873 *PK* begonde   874 *K* semlicher   [875 *PK* da inne, *so auch Gr.*
876 *PK (coll.)* verkarten]   877 *PK* begonde, *Gr.* Hersant   879 *P* hulete
K hulet *Gr.* hiulete   880 *PK* antwort   886 *Gr.* bistuz, gevatere.

895 er sprach „mir ist leit dîn tôt."
„ich vröuwe mich, dû lebes mit nôt
in der werlde allertegelich.
ze paradîs hân aber ich
michels mêre wünne,
900 dan man erdenken künne."
dô sprach her Îsengrîn
„bruoder und gevater mîn,
wie ist ver Hersant her în komen?
ich hân selten roup genomen,
905 si enhæte dran ir teil."
Reinhart sprach „ez was ir heil."
„sagâ, trût gevater", sprach er dô,
„wie ist ir daz houbet verbrant sô?"
„daz geschach ouch mir, trût geselle,
910 sie tet einen tuc in die helle.
dû hâst dicke wol vernomen:
ze paradîs mac nieman komen,
ern müeze der helle bekorn.
dâ hât sie hût und hâr verlorn."
915 Reinhart wolde dâ ûze sîn,
diu ougen sach im Îsengrîn.

895 R. mir ist leit din dot. so frowe ich mis (*sic!*) dv wonest mit not. ind' werlte aller dagelich. ze paradysi bin ich. vn̄ han hie mere wunne. 900 denne iemā irdenchen kunne. Do sprach isingrin brůder vn̄ geuatere min. wie ist fro hersint dar komen. ich han seltin rŭb ge nomen. 905 si enhate dran ir deil. R. sprach ez waz ir heil nv sage mir geuatere gv̊t wie ist sie umbe daz hůb& so verbrovt. daz dv̄n ich drut geselle. 910 sie det einē duc zv̊ der helle. dc hast du dicke wol uer nomen. zů paradise mac niemā komen. ern mûze d' helle bekorn da hat si dc hůbet har u'lorn.
915 R. wolte da uzze sin. siniv ŏgen sach isingrin.

---

896 *PK* ich vreu, *Gr.* lebest 898 *P* paradyse *K* paradise 900 *PK* danne man, *K* irgen kein kunne 903 *Gr.* wiest 904 *PK* ruwe *Gr.* ruowe, doch *Send. anmk. schlägt* er roup *vor* 905 *K* enhette dran e ir teil, *Gr.* sien 907 *Gr.* gevatere 908 *P* wie ist dir, *Gr.* wiest, verbrennet 909 *Gr.* gselle 910 *K* tete, *P* tuc (*Gr. falsch* tot), *Gr.* ein, d' helle 913 *Gr.* ē bekorn 914 *K* (coll.) do hat 915 *Gr.* dûze 916 *PK Gr.* gesach im.

sagâ, gevater, waz schînet dâ?"
Reinhart antwurtim sâ:
„ez ist edel gesteine,
920 die karfunkel reine
die schînent hie tac unde naht,
dâ ûze dû ir niht gesehen maht.
hie sint ouch rinder unde swîn
und manec feistez zickelîn,
925 âne huote ez allez hie gât,
hie ist vil maneger slahte rât",
„möhtich iemer komen dar în?"
sprach der tôre Îsengrîn.
„jâ tuo, als ich dich lêre,
930 ich wil an dir mîn êre
begân, nû pflic witze
in den eimber soltu sitzen."
umb den burnen was ez alsô getân,
sô ein eimber begunde in gân,
935 daz der ander ûz gie.
Îsengrîn dô niht enlie,
des in sîn gevatere lêrte,
wider ôstert er sich kêrte,
(daz quam von unwitzen).
940 in den eimber gienc er sitzen.

sage brůder waz luh tet da. R. antwurte sa. ez ist edil
gesteîne. 920 die karuunkele reine. die da schinent als
ein lieht. d' ensihest dv da uze nieht hie sint ovch kůge
vn̄ swin. vn̄ dc veizete scafelin. 925 ane hů te ez hie
gat. hie ist manig' slahte rat. Mohtich iemir komen dar
in. sprach d' dore isengrin dv tv̊ als ich dich lere 930 ich
wil an dir mir (sic!) ere. bigan nv phlic wizzen. in den eim
solt dv sizzen. vmbe den sot was ez so getan. svenne
ein eimer begunde ingan 935 dc ein ander vz gie. isengrin
liht (sic!) enlic. alsin sin gevatere lerte. wider ostert er sich
kerte. daz kā von vnwizzen 940 *inden eimer* gienc er sizzen.
Die cursiv gedruckten buchstaben sind verwischt.

---

917 *K* sag an 918 *P* antworte *K* antwort. *Gr.* antwortim 922 *K* do
923, 925, 926 *P* hi 924 *Gr.* feizet 925 *Gr.* ohne hie 926 *PK* manger
929 *PK Gr.* jâ du 931 *PK* pflac witzen 932 *P* eymer salt du *K*
aimer soltu 933 *PK* umme, *Gr.* umben, sus getân. 934 *P* eymber
K aymer, *PK* begond 937 *K* gevater 937 f. *PK* larte: karte 938 *PK*
hoster, ebenso *Gr.*, *doch vgl. anmerk.* im Send. *K* her 940 *K* aymer gienge.

Reinhart sîn selbes niht vergaz,
in den undern er dô saz.
Îsengrîn, der den schaden nam,
sînem gevatern er dô bequam
945 mittene unde vuor hin în.
er sprach „Reinhart, wâ sol ich nû sîn?
„daz sag ich dir gewærlîche,
hie ze himelrîche
soltu mînen stuol hân,
950 wandich dirs vil wol gan.
ich wil ûz in daz lant,
dû verst dem tiuvel in die hant."
Îsengrîn gienc an den grunt,
Reinhart vuor ze walde wol gesunt.
955 vil vaste erschepfet was der burne,
ez waere anders Îsengrîne misselungen.
daz paradîse dûht in swaere,
vil gerne er dannen waere.
die münche muosten wazzer hân,
960 ein bruoder begunde zuo dem burnen gân.
er treip die kurben vaste
und zôch an dem laste
mê, dan er ie getaete dâ.

                                 inden
R. sin selbes niht v'gaz. v · dirn   er do gesaz. Isengrin der
den sca   den nā. sime geuaterē er bekā   945 rehte in
almittin. er sprach brů   der R. war sol ez gelobet sin. dc
sagich dich (*sic!*) gewarliche. hie ze hi milriche. soltu minē stůl
han.   950 wandich dirz harte wol gan. ich   wil vz indaz
lant. dv verst dem divuel in die hant. Isingrin gie an den
grunt. R. zewalde wolge sunt.   955 vil harte irscaffen was d'
sot. ez ware anders Isingrines dot. dc paradise duhte in
sware. vil   gerner dannen ware. Die mv   niche mŭsten
wazzer han.   960 do kā   ein brŭdir gigan. er zoch die   kurbin
sere. d' last duhte in mere   denne er ie gedate da.

---

    942 *Gr. mit PK* andern, *doch vgl. anmerk.* in Send.   943 *Gr. ohne der*
944 *Gr.* sime gevateren   945 *K* mitten   946 *Gr. ohne* er sprach   950 *Gr.*
dir es, wole   952 *PK* du dem, *Gr.* var du   954 Reinhart ze   955 *PK* was
erschopfet der brunne   956 *PK* iz were (wer) *Gr.* anders misselungen
959 *Gr.* muosen   960 *PK* begonde, *Gr.* begund zem brunnen   961 *K*
treib *(coll.)*.

über den burnen gienc er sâ
965 und versuochte, waz ez möhte sîn.
dô gesach er, wâ Îsengrîn
an dem grunde in dem eimber saz.
der bruoder was niht laz,
in die zelle lief er geringe,
970 gâch wart dem bertinge.
er sagete vremdiu maere,
daz in dem burnen waere
Îsengrîn, wan er in haete gesehen.
die münche sprâchen „hie ist geschehen
975 gotes râche und huoben sich über den burnen.
dô was Îsengrîne misselungen.
der prîol nam ein stange,
vil grôze und vil lange
ein ander nam daz kerzstal,
980 dô wart ein vil michel schal.
sie sprâchen „nemet alle war,
daz er niht sîn strâze var".
sie zugen die kurben umbe.
Îsengrîn der tumbe
985 der wart schiere ûfgezogen.
in hâte Reinhart betrogen.
der prîol hâtin nâh erslagen,

vb' den sot gie er sa 965 vn v'suhte waz ez moh te sin.
do sach er wa Isingrin an deme grunde indeme eimere
saz d' bruder was nivt laz. indie celle lief er sa. 970 do
wart deme bartinge gach. er sagete vremi div mere.
des indeme sode were. Isingrīne ich han gesehin. die
muniche sprachen hie ist ge scehin. 975 gotis rache do
hubin sie sich. de wart isingrine notlich. Der briol nā
eine stange. groz uū lange. ein and' nam ein zerc. stal.
980 da wart ein michel gescal. sie hūben ubir den sot.

964 *PK* brunnen, *Gr.* übern brunnen 967 *Gr.* ame grunde, *P* saze
969 *Gr.* gringe 971 *PK* vremde 973 *PK* wen er in hatte gesehen *Gr.* wand
er haet in gesehen 974 *PK* hi (hie) ist geschen, *Gr.* hiest 975 *Gr.*
gotes râche in disem brunnen 976 *PK* wart Ysengrine, *Gr.* im misselungen
977 (vgl. 987 und 1007) *PK* prior' so auch *Gr.* 978 *P* vil groz 983 *P*
churben umme *K* kurben umme 984 *PK* tumme 986 *K* hatte 987 *K Gr.*
prior, *Gr.* hâte in.

daz muoste Îsengrîn vertragen.
Reinhart tet im manegen wanc.
990 daz ist wâr, wâ was sîn gedanc
daz er sich sô dicke triegen lie?
diu werlt stât noch alsus hie,
daz manec man mit valscheit
überwant sîn arbeit
995 baz dan einer, der der triuwen pflac.
alsô stât ez noch vil manegen tac.
gnuoge jehent, daz untriuwe
sî iezunt vil niuwe.
weiz got, er sî junc oder alt
1000 maneges nôt ist sô manecvalt,
daz er waenet, „diz geschach niemanne mê."
unser keime ist sô wê
von untriuwen, ern habe vernomen
daz manegem ist hie vore komen.
1005 Îsengrîn was in grôzer nôt,
sie liezen ligen in für tôt.
der prîol die blaten gesach,
zuo den münchen er dô sprach,
„wir haben vil übele getân,
1010 eine blaten ich ersehen hân
unde sag iu noch mê:
jâ ist nâch der alten ê
dirre wolf Îsengrîn besniten.
owê, haete wir in vermiten
1015 diser slege, wan ze wâre

---

988 *Gr.* muose   989 *PK* mangen   990 *Gr.* deiswár   992 *PK* die velt stent (coll.) *Gr.* diu velt stânt   994 f. *Gr.* baz überwant sîn arbeit, dan einer, der ie triuwen pflac   995 *PK* baz danne einer der der trewen (*K* triwen) pflac   996 *P* stet iz *K* tet iz *Gr.* stâtz, *PK* manchen   997 *PK* jehen   999 *PK* gra junch (junc) oder alt   1000 *PK* manges   1 *Gr.* ergänzt daz er sprichet, *mit Schönb.* waenet   2 *P* unsern cheime *K* unserm keinem, *Gr.* deheinem   1003 *P* von untrewen, *K* untriwen er habe vernumen   1004 *PK* mangem, *K* kumen   1006 *PK* in ligen   1007 *PK* die platten   1009 *K* ubel   1010 *P* blatten *K* platten   1011 *Gr.* sage iu, *P* en *K* uch   1014 f. *Gr.* wir vermiten dise slege.

er was ein riuwâre.
Die münche sprâchen, „diz ist geschehen,
haete wir ez ê gesehen,
des möhte wir wesen vrô."
1020 dannen giengen si dô.
haete Îsengrîn den zagel niht verlorn,
noch die blaten geschorn,
in haete erhenget daz gotes her.
von Horbure her Walther
1025 zuo allen zîten alsus sprach,
swaz im ze leide geschach,
mit ellenthaftem muote:
„ez komet mir lîhte ze guote,
sô ez mir tuot dehein ungemach."
1030 Îsengrîne alsam geschach.
dô im die münche entwichen,
dô quam er geslichen
hin zuo dem walde.
dô begunder hiulen balde.
1035 alsô ver Hersant ez vernam,
vil schiere sie dare quam
und sîne süne beide.
dô klageter in von leide.
„lieben süne unde wîp",
1040 sprach er, „ich hân mînen lip
von Reinhartes râte verlorn.
durch got, daz lât iu wesen zorn.
daz ich âne zagel gân,
daz hât mir Reinhart getân.
1045 deiswâr, ân aller slahte nôt.
er betrouc mich in den tôt.
von sîner untriuwe grôz
enphienc ich manegen slac und stôz,

1016 *PK* reuwere 17 *Gr.* müneche 18 *Gr.* wirz 21 *K* zagel verlorn
22 *K* niht noch 23 *PK* hette *Gr.* haet, *Gr.* Hôrbure 25 *Gr.* zallen, *PK* alsust
26 *P* ime, *K* swaz ieman ze 28 *K* kumt, *PK* als lihte, *Gr. auch so* 29 *PK*
so iz, *Gr.* soz, *K* kein 30 *K* Isengrime 35 *PK* vor, *K* daz vernam 40 *PK*
ich habe 42 *PK* daz lazet, *P* euch *K* uch, *Gr. ohne* daz 45 *P* deswar
48 *PK Gr.* mangen.

der geselleschafte moht niht mê sîn."
1050 Reinharte drewete der bate sîn,
ir aller weinen wart vil grôz,
hern Îsengrînen des bedrôz.
er sprach „ver Hersant, liebez wîp,
wes verderbet ir iuwern schoenen lîp?
1055 iuwer weinen tuot mir wê,
sô helfiu got, nû tuots niht mê."
owê, ich enmags niht âne sîn,
mir ist leit, daz der man mîn
âne zagel muoz wesen.
1060 wie sol ich armiu des genesen!"
  Daz urliuge was erhaben.
Îsengrîn begunde draben
ze lâge Reinharte,
er huop sich an die warte
1065 wan swer mit ungeziuge
erhebet ein urliuge,
der sol mit guoten listen
sînen lîp vristen.
disiu unminne alsus quam.
1070 ein luhs daz schiere vernam,
in muote sêre dirre zorn.
er was von beiden geborn
von wolve und von fuhse.
dâ von was dem luhse
1075 daz urliuge ungemach.
zuo Îsengrîne er dô sprach
„trûtmâc, her Îsengrîn,
wes zîhet ir den neven mîn?
ir sît mîn geslehte beide,
1080 vil gerne ich bescheide.
und offent mir iuwer klage,

1049 *K* der geselleschaft, *Gr.* möhte 50 *P* dreuweto *K* drowet 54 *Gr.* verderbt, *K ohne* schouen 56 *P* helfeu *K* helf uch, *PK* tut iz, *Gr.* tuots 57 *P* ich enmag ez *K* ichn mag es *(coll.)*, *Gr.* owê, inmags 59 nu *(vor* âne) *von Gr. beigesetzt* 65 *P* wen, *P* ungezewe *K* ungezeuge 75 *PK* urleuge *(fehlt also nicht, wie Gr. unter den varianten angibt)* 78 *P* zeihet 79 *Gr.* galehte 80 *Gr.* vil gern ich iuch.

sô komet ez zuo einem tage.
swaz iu Reinhart hât getân,
des muoz er iu ze buoze stân."
1085 dô antwurt im her Îsengrîn,
er sprach „vernim, trûtneve mîn,
ez waere lanc ze sagene,
ich hân vil ze klagene,
daz mir Reinhart hât getân.
1090 daz ich hiute âne zagel gân
daz geschuof sîn lîp.
darzuo warp er umb mîn wîp:
möhter des unschuldec wesen,
ich liez in umb daz ander genesen.
1095 versagen ich dir doch niht enmac.
ich wil dirs leisten einen tac."
der tac wart gesprochen
über drîe wochen.
dar quam her Îsengrîn
1100 und brâhte vil der mâge sîn.
ein teil ich ir nennen sol,
die muget ir erkennen wol.
daz was der elefant und der wisen,
die dûhten Reinharten risen.
1105 diu hinde und der hirz Randolt,
die wâren Îsengrîne holt.
Brûn, der ber und daz wilde swîn,
wolden mit Îsengrîne sîn.
ze nennen al mich nicht bestât.
1110 swelh tier grôzen lîp hât,
daz was mit Îsengrîne dâ.
in waere bezzer anderswâ.
Reinhart Krimeln zuo im nam
einen dahs, der im ze staten quam,
1115 ern gesweich im nie ze keiner nôt,

1082 *K* kumet ir   85 *K* antwort, *so auch Gr.*   86 *P* truter   87 *PK* iz wer   90 *Gr.* deich   92 *P* umme   *K* umb   96 *PK* dirz   98 *K* uber dri   99 *K* ysengrim   1103 *PK Gr.* helfant   104 *K* drohten   105 *K* hirze   107 *P* der bere. *K* der bere und wilde swin   109 *PK* alle   110 *P* swelich.

daz werte wan an ir beider tôt.
der hase und daz küneclîn
und ander manec tierlîn,
des ich niht nennen wil,
1120 der quam dar ûzer mâze vil.
Îsengrîn hât sich wol bedâht,
hern Reitzen hât er dare brâht,
einen rüden vreislich.
ûf des zenen solde sich
1125 Reinhart entschuldet hân.
den rât hât her Brûn getân.
sie hiezen Reitzen ligen für tôt.
dô was nâch überkündigôt
Reinhart, der vil liste pflac.
1130 Krimel sach, wâ Reitze lac.
er sprach „Reinhart vernim mir,
gewaerlîche sag ich dir:
dûne darft mirz niht verwîzen,
Reitze wil dich erbîzen
1135 Komet dîn fuoz für sînen munt,
dûne wirdest niemer mê gesunt."
der luhs, der si brâhte dar,
sprach ze Reinharte, „nû nim war,
wie dû ze unserm angesihte
1140 Îsengrîne getuos ein gerihte,
daz dû niht wurbes umb sîn wîp."
„ich tuon", sprach er, „sam mir mîn lîp,
daz er gebe rede vil guot."
er sprach „waere diu werlt gar behuot
1145 vor untriuwen, als ich was ie."
Reinhart sich sprechen gie,
sîne mâge bat er dar ûz gân.
„wizzet ir, waz ich ersehen hân?"

1116 *Gr.* unz an   17 *K* Kungelin   20 *P* uzer moze *K Gr.* ûzer mâzen
21 *PK* hatte   22 *PK* hatte, *K* dar   24 *K* zennen scholde   25 *PK* entschuldiget *Gr.* entschuldget   26 *PK* hatte   28 *PK Gr.* noch, nâch *mit Paul*
30 *K Gr.* Reitzel   31 *K* vernim mich *Gr.* geloube mir   33 u. 36 *PK* dunen
33 *Gr.* du endarft   39 *P* zu unserme *Gr.* zunserm   41 *Gr.* würbe   42 *PK Gr.*
ohne mir   46 *Gr.* sprâchen   48 *K* gesehen

sprach er „Reitze lebet, ich wil varn,
1150 got müeze iuch alle wol bewarn."
er huop sich ûf daz gefilde.
dô sprach manec tier wilde
„sehet, nû vliuhet Reinhart!"
Îsengrîne vil zorn wart.
1155 er huop sich ûf sîne spor,
ver Hersant lief im verre vor,
daz was alles übele getân:
irn trût wolde sie erbizzen hân
durch ir unschulde
1160 und durch Îsengrînes hulde.
Reinhart was leckerheit wol kunt,
sîner âmîen warf er durch den munt
sînen zagel durch kündecheit.
ze sîner burc er dô reit,
1165 daz was ein schoenez dahsloch.
dar vliuhet sîn geslehte noch.
dâ ernerte er den lîp sîn.
ver Hersant lief nâch im drîn
mit alle wan über den buoc,
1170 dô gewan si schiere schanden genuoc.
sine mohte hin noch har,
Reinhart nam des guoten war,
ze eime andern loche er ûz spranc,
ûf sîne gevatern tet er einen wanc.
1175 Îsengrîne ein herzenleit geschach,
er gebrûte si, daz erz ansach.
Reinhart sprach „vil liebe vriundîn,
ir solt tâlanc mit mir sîn.
ezn weiz nieman, ob got wil

1149 *Gr. ohne* sprach er.   50 *P* got muze eu alle wol bewaren *K* got muz uch alle wol bewarn, *Gr.* müeziuch   51 *Gr.* ûfz   56 *K* im allez vor   57 *P* allez ubel é *K* ubel e, *Gr.* was vil übele. *Mit Schönbach* alles   58 *P* irn traut, *Gr.* ir, woldes   60 *Gr.* und Îsengrînes h.   62 *K (coll.)* amien   63 *PK* kundekeit   64 *Gr.* bürge   67 *PK* Reinhart den   68 *Gr.* dar în   71 *K* sinen mohten, *PK* her: war   73 *K* zu einem *Gr.* zeime   74 *Gr.* gevateren   75 *Gr.* Îsengrîn. herzenleit   76 *P* er gebrutete *K* er brutet, *Gr.* ane.

1180 durch iuwer êre ichz gerne verhil",
Hersante schande was niht kleine,
si beiz vor zorne in die steine,
ir kraft kunde ir niht gefromen.
nû sach Reinhart komen
1185 Îsengrînen zorneclîche:
mir ist bezzer, daz ich entwîche",
sprach Reinhart und huop sich wider în.
mit Îsengrîne quâmen die sîne sin.
manec tier vreisam
1190 mit Îsengrine quâmen dar sân,
mit den moht er beziugen sit,
daz geminnet was sîn liebez wîp.
Îsengrîn begunde weinen,
bî den hindern beinen
1195 wart ver Hersant ûz gezogen
„mich hât vil dicke betrogen
Reinhart", sprach Îsengrîn.
daz wolde ich allez lâzen sîn,
wan diz ansehende leit,
1200 daz ist lanc unde breit."
Reinhart gienc zuo der pforten stân,
er sprach „ich hân iu niht getân,
mîn gevatere wolte her în,
dô hiez ich si willekomen sîn
1205 und daz ich iu niht hân getân,
daz wil ich an mînen baten lân."
„entriuwen", sprach der bate,
„ichn mac gesîn süener niht mê,
ich muoz dîn vîent sîn durch nôt,
1210 in mîner hant liget dîn tôt."

1180 *PK* ich iz, *Gr.* hil. 81 *P* vern herschante *K* furn hersante, *Gr.* ir schande 82 *P* vor zorn 83 *PK* konde ir *Gr.* kundir 85 *K* Isengrine 86 *K* (coll.) daz ich, *Gr.* mirst, deich 90 *Gr.* mit im drabten dare sân 93 *PK* begonde 98 *Gr.* woldich 99 *P* wenne *K* wen 1201 *K* zu der pforten *(coll.) Gr.* gie zer porten 2 *K* uch 3 *K* gevater 4 *K* do hiez man sie willekumen sin, *Gr.* hiez ichs 5 *K* uch, *PK* habe getan 6 *PK* paten, *ebenso Gr.* 7 *PK Gr.* pate 8 *P* sunere niht me *K* niht suner me, *Gr.* ich enmac 9 *K* die not *(coll.)* 10 *P* der tot, *K* der din tot.

„neinâ, bate", sprach Reinhart,
sô taetestu ein übel vart.
ezn wurde dir niemer vergeben,
die wîle dû haetest daz leben,
1215 und müestest ze allen stunden
mit îsen sîn gebunden."
Îsengrîn sprach „deiswâr,
ver Hersant, nû sint ez siben jâr,
daz ich iuch ze mîner ê nam.
1220 dô was manec tier lussam
unser beider künne,
sît hât wir ensamet wünne.
nû hât uns gehônet Reinhart,
owê, daz er ie unser gevater wart!
1225 ichn mac es niemer werden vrô."
ver Hersant weinete dô
unde hiulte Îsengrîn,
alsam tâten ouch die süne sîn.
daz laster muosten si haben,
1230 dô begunden si dannen draben.
vil zornec was ir aller muot.
Reinhart sprach „gevater guot,
trût mîn her Îsengrîn,
ir sult tâlanc hie sîn.
1235 wolt ir aber hinnen gân,
sô sult ir mîne gevatern hie lân:
diu sol von rehte hie wirtinne sîn."
des antwurt im niht her Îsengrîn.

Diz geschach in eime lantvride,
1240 den hât geboten bî der wide
ein lewe, der was Vrevel genant,
gewaltec über daz lant.

1211 *PK Gr.* pate   12 *K* tetest du, *PK* ubele   15 *PK* und mustez sein (*K* sin) zu, *Gr.* müesest zallen   17 *P* deswar   18 *Gr.* nust   20 *P* du, *Gr.* manc   22 *PK* sint hatte wir entsamet wunne, *Gr.* ensamt   23 *Gr.* hoenet   25 *K* ich enmag *Gr.* ine mag   27 *PK* hielte   29 *Gr.* muosen   30 *PK* begonden sie (si) *Gr.* begundens   32 *Gr.* gevatere   36 *P Gr.* mine gevateren   38 *K* antwort   39 *K* einem   40 *PK* den hatte   41 *Gr. ohne* der.

keime tier enmoht sîn kraft gefromen
ezn müeste für in ze gerihte komen:
1245 sie leisten elliu sîn gebôt,
er was ir hêrre, âne got.
den vride gebôt er durch nôt,
er wânde den grimmegen tôt
vil gewislîche an im tragen.
1250 wie daz quam, daz wil ich iu sagen.
zeinem âmeizhûfen wolder gân:
nû hiez er si alle stille stân
und sagte in vremdiu maere,
daz er ir hêrre waere.
1255 des enwolden sie niht volgen,
des wart sîn muot erbolgen.
vor zorn er ûf die burc spranc.
mit kranken tieren er dô ranc,
in dûhte, daz ez im taete nôt,
1260 ir lâgen dâ mê dan tûsent tôt
und vil manegiu sêre wunt.
genuoc beleip ir ouch gesunt.
sînen zorn er vaste an in rach,
die burc er an den grund brach,
1265 er hât in geschadet âne mâze.
dô huop er sich sîn strâze.
die ameizen begunden klagen
und irn grôzen schaden sagen,
den si hâten an irm künne:
1270 zegangen was ir wünne.
daz was in ein jaemerlîcher tac.
der hêrre, der der burc pflac,
daz was ein ameiz vreisam.
dô der ûz dem walde quam,

1243 f. *P* gevrumen: kumen   43 *K* keinem   44 *Gr.* müese   45 *K* alle sin   49 *P* ime   50 *P* euch *K* uch, *Gr.* wil' ch   51 *P* zu einem, *P Gr.* ameizenhufen *K* ameyzenhoufen   52 *Gr.* ers   53 *Gr.* sagtin   57 *P* vor zorne   59 *Gr.* deiz   60 *PK* danne   61 *PK* mange *Gr.* manege   65 *PK* hatte in *Gr.* hâten   66 *P* sine   68 *K* iren, *Gr.* ir   69 *PK* irem, *Gr.* dens, ir   70 *P* zu ergangen   72 *Gr.* ir hêrre, bürge   73 *Gr.* ohne daz, ameize.

1275 dô vernam er leidiu maere,
daz sîne bürgaere
den grôzen schaden muosten hân.
er sprach „wer hât iu diz getân?"
die dannoch nicht wâren tôt,
1280 die klageten vaste ir nôt.
„wir sîn von triuwen dar zuo komen.
wir hâten von Vrevele gar vernomen,
daz wir im solden sîn undertân,
dône woldewir deheinen hân
1285 wan iuch, des müezewir schaden tragen,
er hât uns vil der mâge erslagen
und dise burc zebrochen.
blîbet daz ungerochen,
sô habwir unser êre gar verlorn.
1290 „ich wolde ê den tôt bekorn",
sprach ir hêrre und huop sich sâ ze hant
nâch dem lewen, biz daz er in vant
under einer linden, dâ er slief.
der ameize zuo im lief
1295 mit eime grimmigen muote,
er gedâhte „hêrre got, der guote,
wie sol ich gerechen mîne diet?
erbîz ich in, ichn trage sîn hinnen niet".
er hâte manegen gedanc.
1300 mit kraft er im in daz ôre spranc.
dem künege daz ze schaden wart,
dô gesach ez Reinhart.
der was verborgen dâbî.
sie jehent, daz er niht wîse sî,
1305 der sînen vînt versmâhen wil.
der lewe gewan dô kumbers vil.

1275 *PK* leide 77 *Gr.* muosen 80 *K* klagten 82 *K* vrevel 83 *Gr.* (ohne daz) wir solden im 85 *P* von euch des muzze wir *K* von uch des muze wir (coll.) 89 *PK* habe wir 90 *PK Gr.* korn, *mit Schönb.* bekorn 91 *K* dar zehant 95 *K* einem 97 f. *K* gerechen mine kint erbize ich in ichn trage hinnen sint, *Gr.* rechen 98 *Gr.* erbizichn ine, *P Gr.* niht 99 *K* niht er hatte, *PK* mangen 1300 *Gr.* erm 2 *K* in *statt* ez 4 *K* so wise 5 *P* vient.

ze dem hirne fuor er ûf die rihte,
der künec ûf erschrihte
und sprach „genaedeger trehtîn,
1310 waz mac diz übeles gesin?
owê, daz ich mich versûmet hân
gerihtes, des muoz ich trûrec stân:
wan, ez geschiht mir niemer mê".
der lewe dô vil lûte schrê.
1315 manec tier daz vernam,
daz vil balde dare quam
und sprâchen „waz ist iu geschehen?"
er sprach „mir ist wê, des muoz ich jehen.
ich weiz wol, ez ist gotes slac
1320 wan ich gerihtes niht enpflac."
 Einen hof gebôt er zehant,
die boten wurden gesant
wîten in daz rîche.
er wart nemelîche
1325 in eine wisen gesprochen.
über sehs wochen.
dâne was wider niet,
an hôchgestüele man geriet,
daz was guot unde starc
1330 und koste mê dan tûsent marc.
ich nenne iu, wer dar quam.
aller êrste, als ich ez vernam,
daz pantier und der elefant,
der strûz, der wisen wol erkant.
1335 der hof harte michel wart,
dar quam der zobel und der mart
und der lêbarte snel,
der truoc ûf ein gügerel,
beide der hirz und der bere

1308 *K* kunic ouch   9 *Gr.* gnaedeger   11 *Gr.* deich   13 *P* wen,
K nimmer   15 *K* daz   16 *K* dar   17 *P* geschen   18 *Gr.* mirst   20 *PK*
wen, *Gr.* waudich   27 *K* donen, *PK* niht, *ebenso Gr.*   31 *K* uch, *Gr.* dare
34 *PK* wisent cf. 1103   36 *K* und der mart (*coll.*)   37 *PK* lewart.

1340 und diu mûs und der schere,
dar quam der luhs und daz rêch,
beide daz küneclîn und daz vêch.
dar quam diu geiz und der wider,
der steinboc huop sich hernider
1345 von dem gebirge balde.
ouch quam ûz dem walde
der hase und daz wilde swîn,
der otter und daz mürmendîn,
diu olbente quam ouch dar,
1350 der biber und der igele ein schar.
der harm und der eichorn
haeten den hof ungerne verborn.
der ûre unde Künîn,
der schele unde Baldewîn,
1355 Reitze und daz merrint,
Krimel und maneges tieres kint,
daz ich genennen niht enkan,
wandich ir künde nie gewan.
ver Hersant unde Îsengrîn
1360 quâmen dar und die süne sîn.
der künec gienc an daz gerihte sâ,
Reinhart was niht ze hove dâ,
sîne vînde brâhter doch ze nôt.
der künec selbe gebôt,
1365 daz si ir brehten liezen sîn.
dô suochte reht her Îsengrîn.
eins vorsprechen er gerte.
der künec in eines gewerte.
daz muoste Brûn der bere sîn.
1370 er sprach „hêrre, nû gert Îsengrîn
durch reht und iuwer güete,
ob ich in missehüete,
daz er mîn müeze wandel hân."
der künec sprach: „daz sî getân."

1340 *PK* stere   48 *K* murmedin   49 *K* olpente, *P* dare: schare
50 *P* ygel ein   52 *K* verlorn   56 *PK Gr.* manges   61 *Gr.* anz   66 *P* rechte
er, *K* sucht er rechte her   67 *PK* eines   69 *Gr.* muose.

1375 „künec, gewaltec unde hêr,
grôz laster unde sêr
klaget iu her Îsengrîn.
daz er hiute des zagels sîn
vor iu hie âne stât,
1380 daz was Reinhartes rât.
des schamet sich vaste sîn lîp.
vern Hersante sîn edele wîp
hât er gehoenet in dem vride,
den ir gebutet bî der wide,
1385 daz geschach über irn danc."
Krimel dô her für spranc.
er sprach „rîcher künec, vernemet ouch mich,
disiu rede ist ungeloublich
und mac wol sîn gelogen.
1390 wie mohte si mîn neve genôtzogen?
ver Hersant, diu ist groezer dan er sî,
hât aber er ir gelegen bî
durch minne, daz ist wunders niht,
wan solher dinge vil geschiht.
1395 nû weste ez ieman lützel hie.
ver Hersant, nû saget wie
iuch iuwer man bringet ze maere.
daz magin wesen swaere.
dar zuo lastert er sîniu kint,
1400 diu schoene jüngelinge sint,
ich hoere ouch üppeclîchen klagen,
daz wil ich iu für wâr sagen,
hêrre künec, hoeret an dirre stat
schaden kiesen, den er hât.
1405 und hât hern Îsengrînes wîp
durch Reinharten verwert irn lîp
sô grôz als umb ein linsîn,

1377 *K* klaget er 78 *Gr.* hiutes zageles 79 *K* uch, *P* hi ane
81 *K* schamte, *Gr.* vaste sich 82 *PK* vrowen *Gr.* vrouwen 84 *K* gebotet 85 *PK* iren, *Gr.* ir 86 *P* vure *Gr.* türe 87 *K ohne* ouch, *P* vernemt (cf. 1442) 92 *Gr.* abr 95 *Gr.* westez 96 *P* sait wi *K* sagt wie 97 *Gr.* bringt 98 *K* mag uch 1401 *Gr.* hoer 2 *K* uch 3 *Gr.* hoert 6 *Gr.* ir.

daz büeze ich für den neven mîn."
Îsengrîn begunde aber klagen.
1410 er sprach „ir hêrren, ich wil iu sagen,
der schade beswaert mir niht den muot
halp sô vil, sô daz laster tuot."
Der künec vrâgte bî dem eide
den hirz, daz erz bescheide,
1415 .waz darumbe rehtes müge sîn.
Randolt sprach „her Îsengrîn
hât vil lasters vertragen,
(daz enmac iu nieman wider sagen)
mit grôzen unmâzen.
1420 es soldin wol erlâzen
Reinhart mit sîner kündecheit.
hêrre, daz sol iu wesen leit.
solder gehoenen edeliu wîp,
phî, waz soldin dan der lîp.
1425 ich verteilim bî mînem eide
und durch deheine leide,
wan von mînen witzen:
ir sullet in besitzen
und muget ir in gevâhen,
1430 sô heizet balde gâhen,
daz er werde erhangen:
sô habt ir êre begangen.
Der künec was selbe erbolgen.
er sprach „ir hêrren wolt irs volgen?"
1435 si sprâchen „jâ" alle nâch.
ze Reinharts schaden wart in gâch.
ezn widerredete nieman
wan ein olbente von Tuschalân.
diu was frümec unde wîs
1440 und darzuo vor alter grîs,
die vüeze leite si für sich

1408 *Gr.* büez   9 *K* uch   10 *K* uch   12 *Gr.* vile   13 *P* vragete   14 *P* ers   17 *K* laster   18 *K* uch   20 *K* scholde, *P* erlozen   22 *K* uch   23 *K* scholde er   24 *K* danne   25 *P* verteile im   26 *K* ouch deheine   28 *K* schullet   29 *Gr.* mugt   31 *Gr.* werd   34 *PK* irz   36 *K* Reinhartes   37 *K* redet   38 *PK* wen   41 *K* fuze (coll.).

und sprach „her künec, vernemt ouch mich.
ich hoere manegen guoten kneht
erteiln daz mich dunkt unreht.
1445 sine künnen sich lîhte niht baz verstân.
bî dem eide wil ich iuch ze rehte hân,
swen man hie ze hove beklage,
ist er hie niht, daz manz im sage
und sol in drî stunt für laden.
1450 kumet er niht für, daz ist sîn schade
und sol im an sîn leben gân.
bî dem eide ich diz erteilet hân."
des wart Îsengrîn unvrô,
vil schiere volgeten si dô
1455 der olbente gemeine,
diu tier grôz und kleine.
disiu rede gefuor alsô.
Schanteclêr quam dô
und ver Pinte zwâre,
1460 si truogen ûf einer bâre
ir tohter tôt, daz was ir klage,
die hâte an dem selben tage
erbizzen der rôte Reinhart.
diu bâre für den künec wart
1465 gesetzet, des begunde er sich schamen.
diz was aber Îsengrînes gamen.
Schanteclêr huop grôze klage.
er sprach „künec, vernim, waz ich dir sage.
dû solt wizzen gewaerlîche,
1470 dir hoenet Reinhart dîn rîche.
des hât er sich gevlizzen.
owê, er hât mir erbizzen
mîne tohter alsô guot."
einen zornegen muot
1475 gewan der künec hêre.

1442 *P* er kunic, *K* ohne ouch (cf. 1387). 43 *Gr.* mangen 44 *K Gr.* erteilen, *P* dunckt *K* dunket 46 *Gr.* eid wil ichz ze 47 *K (coll.)* hie ze hove, *Gr.* zuo 49 *Gr.* füre 50 *K Gr.* kumt er 56 *PK* tiere 59 *K (coll.)* vor 61 f. *P* klag: tag 64 *PK* vor 65 *K* begond *Gr.* begund 70 *K (coll.)* din riche.

diu klage muote in sêre
und sprach „sam mir mîn bart
sô muoz der fuhs Reinhart
gewislîchen rûmen diz lant,
1480 oder er hât den tôt an der hant."
 Der hase gesach des küneges zorn.
dô wând der zage sîn verlorn
(daz ist noch der hasen site).
vor vorhten bestuont in der rite.
1485 der künec hiez singen gân
hern Brûnen, sînen kapelân
und ander sîne lêreknaben.
der tôte wart schiere begraben.
der hase leit sich ûf daz grap dô
1490 und entslief. des wart er harte vrô,
als ich iu sagen muoz,
dô wart im des riten buoz.
der hase ûf erschrihte
für den künec gienc er enrihte
1495 und sagte im vremdiu maere,
daz daz huon waere
heilec vor gotes gesihte.
dô lûte man enrihte.
si begunden allentsament jehen,
1500 dâ waere ein zeichen geschehen,
und erhuoben einen hôhen sanc.
des weste Reinharte nieman danc.
si bâten algelîche,
daz der künec rîche
1505 dise untât vaste rihte.
si sprâchen „ze unserm angesihte
hât got ein zeichen getân.
Reinhart soldez vermiten hân,
daz er ân alle missetât

 1476 *Gr.* muotin 80 *Gr.* odr 81 *Gr.* sach des künges 83 f. *PK*
sit: rit 91 *K* uch 93 *PK* erschricte 94 *Gr.* fürn, *P* kunink, *K* entrihte *Gr.*
sagt im 98 *K* im rihte 99 *PK* allentsamt *Gr.* alle samet, *K* begonden
1500 *Gr.* waer, *P* geschen 2 *Gr.* niemen 3 *PK Gr.* alle geliche
6 *K* unserm (*coll.*), *Gr.* zuo.

1510 disen heiligen gemartirt hât."
    Der künec hiez sînen kapelân
hern Brûn nâch Reinharte gân.
des wolder weigern durch nôt,
doch teter daz der künec gebôt,
1515 nâch im gienc er in den walt.
Reinhartes liste wâren manecvalt.
des muost engelten al daz lant.
vor sînem loche er in dô vant.
daz loch in einem steine was,
1520 dâ er vor sînen vînden genas.
der burc sprichet man noch,
sô man sie nennet, Übelloch.
Reinhart kunde wol enphân
des rîchen küneges kapelân
1525 „willekomen, edeler schrîbaere",
sprach er, „nû saget mir maere,
wie ez dâ ze hove stât,
ich weiz wol, ir sît des küneges rât",
dâ bistu· beklaget sêre.
1530 alsô liep dir sî dîn êre,
sô kom für und entrede dich:
man hât nâch dir gesendet mich."
    Reinhart sprach „her kapelân,
nû sulwir enbîzen gân,
1535 sô vare wir ze hove deste baz
(Reinhartes triuwe wâren laz).

Das ursprüngliche gedicht. 1523 enphan. des richin kunigis capilan. 1525 er sprach willichomē edile scribare. nv suln ir mir sagin mere. wiez da ze hove stat. ich weiz wol ir sint des kuniges rat. Da bistu becla git sere. 1530 alse lieb dir si din ere. so kum fur uñ entrede dich. de gebutit dir derkunic rich. . R. sprach h' capilan. nu suln wir inbizzin gan. 1535 so vare wir ze hove deste baz. R^{tis} triwe wa ren laz.

    1512 *Gr.* Brûnen, *K* Reinhartē   14 *Gr.* künc   15 *P* gienge er *K* ginge er   17 *Gr.* muos   18 *Gr* loch   20 *K* do   21 *Gr.* bürge   24 *Gr.* künges   25 *Gr.* edele   26 *K Gr.* sagt   28 *P* kunges *Gr.* künges   31 *PK* kume   33 *K* kaplan   34 *K* sulle wir   35 *PK* dester   36 *PK* trewen.

einen boum weiz ich wol,
der ist guotes honeges vol."
„nû wol hin", sprach er, „des gert ich ie."
1540 her Brûn mit Reinharte gie.
er wîstin, dâ ein villân
einen wecke hâte getân
in ein bloch und hâte in durchgeslagen,
der tiuvel hâte in dar getragen.
1545 er sprach „lieber vriunt mîn,
ez sol allez gemeine sîn
und werbet mit sinnen.
hie ist vil binen innen."
umb die binen erz doch niht enliez,
1550 daz houbet er in daz bloch stiez,
Reinhart den wecke entzucte
daz houbet er im zedructe.
der kapelân was gevangen,
in mohte dez ezzens wol belangen.
1555 her Brûn schrei „och und ô",
Reinhart sprach „wie tuot ir sô?
ich hâtiuch wol gewarnet ê,
iu tuont die binen wênec wê.
nû ezzet gemelîche,

1537 Einē bv̄m waiz ich wol. d' ist gūtis honiges wol. (sic!)
nu wol hin des gerte ih ie. 1540 h' brūn mit R^{te} gie. er wistin
da ein vilan. einen wec ke hate getan. in ein bloch sere
geslagin. d' tievil hate in dar getragin. 1545 h' capilan lie
b' friunt min. nu suln ir ge meine sin. vn̄ werbint mit
sinne. hie sint vil binē inne. vmbe die binē er doch niht
enliez. 1550 dc hūbet er indc blūch stiez. R. den wecke
zucte. dc bloch zesamene ructe. Der capilan was gevangin.
er mūse inbizin lange. 1555 h' brvn d' scre oho. R. sprach
wie tūnt ir so. ich hate ivch wol gewar not. ivch dūnt
die binē leider not. inbizzint gemetliche.

1540 Gr. Brûne 41 P wizet in K wiset in Gr. wisten 42 P weck, K
wek hat 43 f. PK hat, mit Schönb. hâte, Gr. hât in durchslagen 44. Gr.
hât 49 Gr. umbe, P binne Gr. bine, P erz niht liez 51 P in zuckte Gr.
entzucte, K den kiel uz zukte 54 Gr. moht 55 Gr. Brûne, K ach
57 PK hatte uch 58 K uch . . . wenik me, P Gr. bine.

1560 der künec ist sô rîche,
daz er mirz wol vergelten kan".
dô huop er sich balde dan.
    Der kapelân begund sich klagen
dô hôrter komen einen wagen,
1565 des wart sîn angest groezlich.
vil vaste strebter hinder sich.
dô in der wagenman ersach,
dehein wort er nie gesprach,
ê er wider in daz dorf quam.
1570 ze der kirchen lief er unde nam
die glockesnuor in die hant
und lûte die glocken, die er vant,
vaste ze sturme, daz der schal
quam in daz dorf überal,
1575 daz die gebûre alle
quâmen zuo dem schalle.
der gebûre sagte maere,
daz ein ber behaftet waere
âne jegers meisterschaft
1580 „daz hât getân diu gotes kraft,
vil wol ich iuch dar gewîsen kan".
dô huop sich wîp unde man,

1560 d' kunic ist so riche. de erz mir wol uergeltin kan.
do hůb er sich dannā. Der capilan begunde sich clagin.
do ge horte er komī einē wagin. 1565 des war (sic!) sin angist
grozlich. vil harte stebiter (sic!) hind' sich. der mit deme wagine
in gesach. nehein wor er do ſůch e er widir inde dorf
kam 1570 ze der kirchen lief er vn̄ nā. die glocge snůre
indie hant. uñ lute de ez scal ubir alliz de lant. vn̄
sturmde sere swer de vernā. vil sciere er zv̊ deme dorfe
kam. 1577 Der gebu sagite mere. de ein ber were. insime
bloche haft. 1580 de hat div gotis craft. vil wol ich ivch
dar gewisin kan. da hůb sich wip vn̄ mā.

1563 *K* kaplan begonde   68 *P* me sprach *Gr.* me gesprach   71 *PK*
gloksnur *Gr.* gloksnuor   72 *P* lutte di, *P* glotgen *K* glokgen   78 *P* bere
·behafftet, *Gr.* beheftet   79 *PK* an *(coll.)* meisters jagerschaft (jageschaft)
81 *P* ich euch *K* ich uch *Gr.* i'u.

daz was ein angestlîchez dinc.
dô quam ein kündec sprenzinc
1585 dâ er hêrren Brûnen vant,
ein stangen truoc er an der hant.
der kaplân hôrte wol den dôz,
sîn angest was michel unde grôz.
die vüeze satzter an daz bloch sâ
1590 und zôch sich ûz, doch liez er dâ
beidiu ôren und den huot,
daz honec dûht in niht ze guot.
dannen huop sich der bote,
vernemet von seltsaeme spote:
1595 Reinhart vor sîner burc saz,
leckerheite er niht vergaz.
nû hoeret rehte, wie er sprach,
dô er hern Brûnen blôz gesach.
er sprach „guot hêrre, her kapelân,
1600 war habt ir iuwern huot getân?
hât irn gesetzet umbe wîn?
owê, daz laster waere mîn,
daz ir seitet ze hove maere,
daz ich boeser wirt waere."

1583 dc warin angistliche dinc. do kam ein stolz spranzinc.
1585 da er den bern brunē vant einē burduz trûc er ander
hant. d' capilan horte wol den doz. sin angist der was vil
groz. die fûze sazter an dc bloch sa. 1590 vñ zoch sich
uz doch liez er da. beide die orē vñ die hût. dc honic
duhte in niht zegût. Dannē hûb sich ᵈᵉʳ bote. ᵛnement
von selt saneme spote. 1595 R. vor siner bvrc saz. d'
                                             horen
lechirheite ime nie ᵛ gaz. nu mvgint ir wie er sprach.
do er h' brunen alse bloz sach. er sprach gvte h' pᵘˡ ⸳.
1600 war hant ir iwer hûtelin getan. hant irz ge sezzit
vmbe win. owi daz lastir ware min. dc ir da sagetint ze
hove mere. dc ich bose wirt warc.

1583 PK engestliches   85 K do er hern   87 P kapelan, K toz
89 f. K da: sa, Gr. ohne sâ: dâ   90 Gr. er liez iedoch   91 K da beide
Gr. dâ beidiu   94 P selzeme K seltsenem   97 K (coll.) horet   99 Gr.
kaplan   1600 P ewern K iwrn   1 Gr. habt irn   3 Gr. seit ir ze hove
maere, PK daz seit ir. *Obiges mit Schönbach.*

1605 Her Brûn vor zorne niht sprach
wan daz er in übellich ane sach.
her Brûn quam ze hove blôz,
sîn klage wart michel unde grôz.
dô quâmen diu tier gedrungen,
1610 diu alten und diu jungen
und schouweten die blaten breit.
dô klagete grundelôsiu leit
dem künege sîn kapelân,
er sprach „diz hât mir Reinhart getân.
1615 ich gebôt im, künec, für dich,
trûthêrre, nû sich,
wie er mich hât brâht ze dirre nôt,
mir waere lieber der tôt."
der künec wart zorneclich getân
1620 umbe sînen kapelân,
im wart der muot vil swaere.
waz darumbe reht waere,
vrâget er den biber ze stunt,
hêrre, als mir darumb ist kunt,
1625 sô sprich ich bî dem eide,
nieman ze liebe noch ı̄ze leide,
und bî der triuwe mîn,
daz hie wider niht sol sîn.

1607 Her brun kan zehove bloz. do wart sin clage vil
groz. dar kamen tier gedrungen. 1610 alte vnde ivnge.
vn̄ scowittē die blattī breit. do clagiter die grīmē leit.
deme kunige sin capilā er sprach diz hat mir R. getan.
1615 ich gebot ime kunic fur dich drut h're nu sich. wie
er mich hat gehandelot. mir ware liebir der dot. Der
kunic wart zornic getan. 1620 vmbe sinen drut capilan.
ime wart sin mūt vil sware. waz drvm be reht ware.
fragiter zehant den biber. er sprach herre da nist
niet wid'.

1605 *Gr.* niht ensprach 6 *Gr.* ern, *K* vintlich an sach 7 *Gr.* Brûne
10 *P* alden 12 *K Gr.* klagte 15 *Gr.* füre 17 *Gr.* wier 19 *K* zornic
20 *PK* umme 22 *K* darumme 23 *Gr.* vrâgete 24 *P* darumme *K* darumbe
26 *Gr.* niemanne.

ich verteil im beide lîp und guot
1630 und swer im deheinen rât tuot,
daz man den ze aehte tuon sol.
des mügen dise hêrren gevolgen wol."
der hirz Randolt sprach „daz ist reht",
des gevolget manec guot kneht.
1635 der elefant sprach erbolgen
„des wil ich niht gevolgen.
ein urteil ist hie für komen,
als ir alle hât vernomen,
daz enmac nieman erwenden.
1640 man sol nâch im senden
boten, mê dan drî stunt.
der tiuvel var im in den munt,
swer liege bî sînem eide
ieman ze liebe oder ze leide."
1645 des volgten si, wan ez was reht.
des quam zê nôt her Diepreht.
Der künec hiez in für sich stân
und nâch Reinharte gân.
dô sprach Diepreht ze stunt
1650 „daz lantreht ist mir niht kunt,

1629 ich ✝teile ime lip vn̄ gůt 1630 vn̄ swer ime dehei nen rat důt. der sol iniuwerre ahte sin. dc sprichich bidem ei de min. der hirz randolt sprach dc ist reht. es gevolgete manic gůt kneht. 1635 d' elephant sprach irbolgin. des wil ich niht ge volgin. ein urteil ist hie vur komē. dc hant ir alle wol ver nomē. die inmac niemā wen den 1640 mā sol nach ime senden. botin vnze an dristunt. der tivel var ime in den munt swer liege bi diseme eide. ie mā zeleide. 1645 Des wart do gevolgot. des kändiebreht ze not. d' kunic hiez in vur in stan. er sprach du solt nach R^te gan. do sprach diebreht. 1650 h're dc lan ich an reht.

1629 *Gr. ohne* beide 31 *Gr.* zachte 32 *Gr.* volgen 33 *PK Gr. ohne* der hirz 34 *PK Gr.* volget 35 *PK Gr.* helfant 36 *PK Gr.* volgen 37 f. *PK* kumen: vernumen 37 *Gr.* füre 39 *P* in mac 44 *Gr.* iemen, ode 45 *Gr.* volgetens, wand 47 *PK* hie in.

hêrre, er ist mîn küllinc."
„dûne maht durch keiniu dinc
dises über werden" sprach Randolt,
ir sît einander enbor holt."
1655 der künec ez im an den lîp gebôt.
Diepreht sprach „diz tuot mir nôt."
er huop sich harte balde.
dô vant er in dem walde
sînen neven, der dâ hiez Reinhart.
1660 der hâte manege übele art.
nû vernemet, wie Reinhart sprach,
dô er sînen neven ansach.
er sprach „willekomen sippebluot,
vil wê mir mîn herze tuot,
1665 daz dû mich hâst vermiten sô,
ich enwart nie gastes sô vrô."
Diepreht sprach „nû habe danc,
ez dunket ouch mich harte lanc.
der künec hât mich ze dir gesant
1670 und sweret, daz dû im daz lant
rûmest, komest dû für niht.
über dich klaget elliu diet.
dû hâst vil übele getân,

1651 er ist min lie bir kunnelinc. dv enmaht durh dehein
dinc. sin vber werdin sprach randolt. er sint ein an dir doch
bor holt. 1655 Der kvnic gebot imez an den lip. die breht
sprach nu han ich cit. er hůb sich harte balde. do vant
er indeme walde. sinē neuē R. 1660 der kunde manigē vbil
art nu horint wie R. sprach. do er sinē neuē ane sach.
er sprach willikomē sippe blůt. wie we mir herze min tůt.
1665 de du mich hast v́mitē so. ich ne wart nie gastes
sofro. Diebreht sprach des habe .danch. ez duhte oh mih
harte läch. d' kunic hat mich zedir gesant. 1670 vn̄
swert sere de dv ime de lant. rumist kumistu vur. niet.
vf dich clagit alliv div diet. dv hast vil vbile getan.

1652 *PK* keine *Gr.* deheiniu   55 *Gr.* künec'z   60 *PK Gr.* mange
K ubel   61 *K* vernemt   62 *Gr.* ane   63 *Gr.* willikome *K* (coll.) wil-
kume   66 *Gr.* gastes nie   70 *K* swert, *P* ime   71 *P* vure *K* vur
Gr. füre   72 *P* alle dit *K* alle diet   73 *K* (coll.) vil ubele.

daz dû sinen kapelàn
1675 wider sandest âne huot."
Reinhart sprach „neve guot,
ichn gesach hern Brûn zewâre
nie in disem jâre,
wan dô mich jagt her Îsengrìn.
1680 wan sagest dû mir, neve mìn.
woldest dû mit mir gân,
ich gaebe dir gerne, des ich hàn.
ich hân hie ein veste hûs,
dar inne hân ich mange mûs
1685 behalten mînen gesten.
dâ nim dû dir die besten."
diu naht harte lieht wart,
sînen neven verriet dô Reinhart.
  Zuo dem hûse fuort er in dô,
1690 (Diepreht was der spîse vrô),
dâ lac ein pfaffe inne,
dem michel unminne
Reinhart hâte getân.
daz muoste ûf Dieprehten gàn.
1695 einen stric rihter für ein loch,
daz tuont ouch gnuoge liute noch.

de dv den capilan. 1675 wider santest ane hvt. R. sprach
neve gvt. ich gesach h' brun zeware. niht in diseme iare.
wan do mich iagi   te isingrin. 1680 wan sagistv mir ne
ve min. woltistv sammir gan.   ich gebe dir gerne des ih
han. ich han hie ein ode hus. da han   ich inne manige
mus. 1685 gehaltī minin gestin. da nī dv dir die   bestin
Div naht was heit' vñ lieht. sinō nevē R. da v̇riet. zedeme
hus fv̂rter in sa. 1690 die   brehte wart ze der spise zega.
da lac ein gebur inne. deme   michel unminne. R. hate gi
tan. dc mûse uf diebrehten gan.   1695 einē stric rihter vur
ein loch. also dûnt gnûge lute och noh.

1674 *K* kaplan 77 *Gr.* i'n sach hern Brûnen zwâre 77 f. *PK* zwar: jar
79 *K* wen   84 *P* da inne   86 *K* do   89 *Gr.* fuortern   91 *K* lage
92 *K (coll.)* dem   94 *Gr.* muose   95 *P Gr.* hulloch *K* holloch.

Reinharte dâ gelâget was,
sîn neve dâ mit nôt genas
Dieprehte was in den stric gâch,
1700 nû was er gevangen nâch.
daz gehôrte des pfaffen wîp,
si sprach „ûf, sam mir mîn lîp!
den fuhs wir gevangen hân,
der uns den schaden hât getân."
1705 der heilige êwarte
îlte vil drâte,
ein kippen nam er in die hant
und huop sich, dâ er Dieprehten vant.
er wânte, ez waere Reinhart.
1710 Dieprehten gerou diu vart
vil vaste worgende er dô schrei.
der pfaffe sluoc die snuor enzwei,
daz quam von der vinsterîn.
Diepreht wolde dannen sîn,
1715 dem teter wol gelîch ze hant.
wider ûz quam er schiere gerant.
des pfaffen wîp darinne
erhuop ein unminne:
ze dem ôren sluoc si in zehant.
1720 vil schiere sie ein schît vant.

1697 R^te was da gelagot. des kam sin neue inneue (*sic!*) in groze
not. dar in was diebrehte gah. 1700 do viel er inden stric sa. dc
gehor te des geburis wip. siv sprach uf semmir min lip.
d' gebur fůr uf uñ irscricte 1707 eine hepin mit d' hant.
vñ hůp sich da er diebrehten vant. cr wande dc ez ware
R. 1710 diebrehtin rǒ div vart. vil harte grogezende er
screi. d' gebur slůc die snůr in zvei. dc kā von der vin-
sterin. diebreht wolte dannin sin. 1715 dem det ir sciere
vil gelich. wid' uz hůber sich. Des geburis wip da inne.
irhv̊b ein unmin ne. ze deme orin slůc si in mit d' hant.
1720 vil sciere siv ein schit vāt.

1697 *K* do   98 *K* do   1706 *Gr.* vile   8 *PK* do er *Gr.* da'r
13 *P* den *K* dem   19 *PK* zu *Gr.* zuo, *K (coll.)* dem oren *Gr.* den ôren.
20 *Gr.* si ein.

damit zeblou si im den lîp.
wan Werenburc, sîn kamerwîp,
sô haete er verlorn sîn leben.
si sprach "mir hâte got gegeben
1725 Reinharten, den hât ir mir benomen."
vrouwe, ez ist mir übele komen",
sprach der geberte kapelân,
"nû lât mich iuwer hulde hân."
Diepreht liez die miuse dâ,
1730 dannen huop er sich sâ.
dô lief er al die naht
wider ze hove mit grôzer maht.
er vant den künec des morgens vruo
mit sînem stricke gie er dâ zuo.
1735 er klagte vil harte
dem künege von Reinharte.
er sprach "künec, ich was in nôt,
mir wolde Reinhart den tôt
fromen in iuwer boteschaft.
1740 dô beschirmte mich diu gotes kraft.
hêrre, ich und iuwer kapelân,
suln niht mê nâch Reinharte gân."

1721 da mite zir blŏ siv ime den lip. wan werínburc dc kamirwip. so hatír v́lorn dc lebin. si sprah   mir hati got gegebin.   1725 R.^{ten} den   hant ir mir genomin. frowe   ez ist mir ubile komin. sprach   d' geberte geburmā. nu lant mih iwer hulde han. Die   breht lie die muse da. 1730 dannā wart ime harte ga. do lief er al die naht. wider zehoue mit grozir maht. er vant dē   kunic des morgenes frů mit sime stricke gie er dazů. 1735 do clagete vil harte. diebreht von
                                              mir
reinharte. er sprach kunic   ich was innot. wolte R. dē dot frumē iniwir botescaft. 1740 do   beschirnde mih div gotis craft. h're ich vn̄ iwer capilan. suln   nīme nah ime gan.

1721 *P* damite, *PK* zu blou   22 *PK* und were Werenburc, *Gr.* Wernburc   23 *K* gewesen so het, *Gr.* haeter   24 *Gr.* hâte   25 f. *PK* benumen: kumen   25 *K Gr.* habt   26 *PK* ubel   27 *K* kaplan   28 *PK* lazet
31 *PK Gr.* alle die   33 *Gr.* smorgens   34 *Gr.* gie'r   35 *Gr.* klagete
36 *Gr.* künge   39 *PK* botschaft   40 *P* beschirmt   41 *K* kaplan
42 *K* sullen.

den künec muote diu klage,
ouch tet im wê sîn siechtage.
1745 der zorn im harte nâhen gienc,
den eber ze vrâgen er gevienc,
daz er im sagte maere,
waz sînes rehtes drumbe waere,
daz sîne boten her Brûn und Diepreht
1750 sus gehandelt waeren âne reht.
erzürnet was des ebers muot,
er sprach „ich verteile im êre und guot
und zuo aehte sînen lîp
und ze einer witewen sîn wîp
1755 und ze weisen diu kint sîn."
„des gevolgich" sprach Îsengrîn.
der künec vrâgte alumbe
die wîsen unde tumben,
ob es wolde gevolgen diu diet.
1760 Krimel insûmte sich dô niet.
er sprach „künec, edel unde guot,
ob her Brûn sînen huot
ân mînes neven schulde hât verlorn,
sô machet er üppigen zorn.
1765 nû hât ouch her Diepreht,
hêrre, vil lîhte unreht.

1743 Den kunic mûte div clage. ovch swar in sin siechetage.
1745 d' zorn gie ime (*Von da an bis* 1755 *ist die handschrift defect.*) . . . te er die . . ac er im . . tûnne . . ten
ane 1750 gehandelt . . was des   ebires m . . ime ere . . .
sinen lip . . sin wip. 1755 vn̄ ze weisin div kīt sin. des gevolgich sprach isingrin. Der kunic fragite al umbe   wise
un̄ tumbe. ob sies woltī   gevolgin div diet. 1760 crimel insun   de sich do niet. er sprach kunic   edil vn̄ gût. obe
nv h' brun sinē   hv̂t. ane mines neuē sculde hat   v́lorn.
so machet er uppigē   zorn. 1765 nv hat ovch diebreht.
vil   lihte vnreht.

1746 *K* er ze vragen enpfienc   48 *PK* drumme   50 *PK* an   52 *PK* (*coll.*) verteile im. *Gr.* verteilim   54 *Gr.* zeiner   56 *PK Gr.* volge ich
57 *P* vragete *K* vraget   59 *PK* iz, *PK Gr.* volgen   60 *K* Grimel ensumet . . .
niht, *P* in sumete   61 *Gr.* Künc   62 *K* er, *Gr.* Brûne   63 *Gr.* mins.

er ist Reinharte gehaz,
darumbe sol auch nieman daz
erteilen, daz ist ein ende,
1770 daz iuwer êre schende
oder iuwern hof geswache,
des man anderswâ gelache,
noch durch neheiner slahte mieten,
wan man sol im eines noch gebieten
1775 her für dem neven mîn."
„der bote", sprach der künec, „daz muostu selbe sîn
und gebiut dirz an dîn leben.
ob got wil, dir sol geben
dîn neve daz boten brôt."
1780 in wart ze lachen allen nôt.
Krimel des lützel angest nam,
vil schiere er in den walt quam
und suochte sînen küllinc.
nû vernemet seltsaeniu dinc
1785 und vremdiu maere,
der der Glîchesaere
iu künde gît, si sint gewaerlich.

1767 er det R:e haz. dar umbe sol niemã dc. ertei lin dc ist
ein ende. 1770 dc iwer ere   swende. odir iwirn hof swache
des mã and' swa gelache. noh   durh neheiner slahte mieten.
mã sol einost noh gebietē. 1775. h' vur   deme neuē mī.
Der kunic   sprach dc mûstu selbe sin. dc   gebut ich dir
an din lebin. obe   got wil dir sol gebin. din neve dc botē
brot. 1780 in wart zelachen   ne allen not. Crimelē des
luzil (*von hier an bis* 1790 *ist die handschrift wieder defect*)
... er sich dan .. nē sicherlinc .. dinc 1785 vñ fre .. iche-
zare. .. gewarlich. ..

1767 *Gr.* erst   68 *PK* darumme   69 *Gr.* deist   71 *PK* und ewern
(iwern) hof geswachen, *Gr.* und, oder *nehme ich aus S*.   72 *PK* des man
anderswa mag lachen (*so auch P coll.*), *Gr.* des anderswâ man lache   73 *PK*
noch durch deheine (keine) miete, *Gr.* noch lân durch deheine miete
74 *PK* wen man sal (sol) im (coll.) noch eines gebieten, *Gr.* man noch
eines gebiete   75 *K* den   76 *Gr. ohne* sprach der künec   77 *P* gebiete,
K gebiet   79 *Gr.* der neve dîn   81 *P Gr.* Krimele   84 *K Gr.* vernemt
86 *P Gr.* der de glichesere *K* der die glichesenere. (*Im cod.* uere *durch-
strichen, darüber* re, *doch darunter das restitutionszeichen. Cf.* 2250). 87 *PK*
iu (uch) kunde geit wen si sint gewerlich, *Gr. ohne* si sint.

er ist geheizen Heinrich,
der hât diu buoch zesamene geleit
1790 von Îsengrînes arbeit.
swer wil, daz ez gelogen sî,
den laet er sîner gâbe vrî.
   Nû sulwir her wider vân,
dâ wir die rede hân verlân.
1795 ze Reinhartes burc dô
vuor Krimel, des wart vil vrô
der wirt, als er in gesach
lachende er zuo im sprach
„willekome, neve, dû solt mir sagen,
1800 waz sie ze hove über mich klagen."
„dir drewet vreislîche",
sprach er, „der künec rîche.
er hoeret von dir grôze klage.
swie dû hiute an disem tage
1805 niht für komest, sô rûme diz lant,
oder dû hâst den tôt an der hant.
komestu aber für gerihte
ze Îsengrînes gesihte,
dich verteilet al diu diet."
1810 er sprach „darumbe lâz ich es niet.
ez enwirt mir niemer mê verwizzen".
sie sâzen nider und enbizzen.
   Dô der tisch erhaben wart,
zehant huop sich Reinhart
1815 vil wunderlîche drâte

---

heinrich. er hat... 1790 vmbe isingrines   not. swer gihet dc ez gelogī   si. den lat er siner gebe fri.   Nu suln wir h' wid' van. da   wir die rede han vlan. 1795 ze R^{tis} burc ho. vůr crimel des wart.

1788 *PK* wan er ist   93 *Gr.* sulewir   95 *K* burktor, *Gr.* bürge 96 *PK* ver Krimel des wart vil vro. (*coll.*), *Gr.* Krimele   99 *K* (*coll.*) wilkum *Gr.* wilkome   1801 *K* trewet   5 *P* kumest *K* kumst *Gr.* komst, *K* roume (*coll.*)   6 *Gr.* odr   9 *PK* alle die diet   10 *P* darumme laz ich iz 'niht, *K* darumbe .. niht, *Gr.* ichs niht 11 *K* izn 15 *Gr.* wunderlichen.

in sîne kemenâte
und nam sîn hovegewant
daz allerbeste, daz er drinne vant,
eine wallekappen lînîn
1820 und slouf sân dar în.
er nam eines arztes sac.
nieman iu gezelen mac
Reinhartes kündecheit,
er gienc als der bühsen treit,
1825 beide nêlikîn und cinemîn,
er solde ein arzât sîn.
er truoc manege wurz unerkant,
einen stap nam er an die hant.
ze hove huop er sich balde
1830 mit sîme neven ûz dem walde,
ein criuze mahter für sich,
er sprach „got beware nû mich
vor boesen lügenaeren,
daz si mich niht beswaeren."
1835 Dô Reinhart ze hove quam,
manec tier vreisam
sprach albesunder
„nû muget ir sehen wunder,
wâ Reinhart her gât.
1840 der manec tier gehoenet hât.
er ist vern Hersantes âmîs.
der si beidiu hienge ûf ein rîs,
daz solde nieman klagen niht.
waz solde ir der boese wiht!"

1831 ɪr sih. d' riche got . . . ı. vor bosin lugenạri . . . ɪiht
beswarī. 1835 R. ze . . nic tier freisam . . . ıdir. nu mugint
. . dir. wa. R. h' gat. 1840 . . ſ gehonit hat. ez . . ein mist.
d' sie bei . . ıf ein ris. de solte . . gin niht. waz solte . .
ɪiht. R. gie anden . . ı' kunic hiez in fur . .

1818 *PK* dar inne, *Gr.* ohne drinne   19 *Gr.* ein   21 *Gr.* eins
22 *K* uch   26 *PK Gr.* arzet   27 *PK Gr.* mange   28 *K* iu die   30 *K* sinem
31 *K* (*coll.*) cruze   32 *K Gr.* bewar   37 *PK Gr.* albesundern   38 *Gr.*
mugt   39 *K* wo   41 *P* vorn hersantes   42 *Gr.* ders   44 *Gr.* tohte ir.

1845 die erzurnten knehte
schriten ûf in von rehte.
dô klagte sêre her Îsengrîn,
daz im waere daz wîp sîn
gehoenet. dô sprach der kapelân,
1850 „er hât ouch mir leide getân."
Diepreht sprach „sehet, wie er stât,
der iu lasters vil erboten hât.
nû lât in iu niht entwenken,
ir sult in heizen henken:
1855 wand er ist zewâre
ein verrâtâre."
Schanteclêr klaget sîn kint.
er sprach „künec, wir wizzen wol, daz ir sint
unser rehter rihtaere.
1860 darumb ist vil swaere,
daz ir disen morder lâzet stân.
man solde in nû erhangen hân."
dô sprach der rabe Diezelîn,
„hêrre, henket den neven mîn."
1865   Reinhartes liste wâren grôz.
er sprach „künec, waz sol dirre dôz?
ich bin in manegen hof komen,

1845 zurnetē gutē kneh . . ı groz gebrehte. . . . sere isingrin.
de div . . e sin. ware ge ho . . ' capilā. 1850 er hat ovch
ᶜ began. nu lant . . twenkin. ir suln . . ʑin. 1855 wā er ist
vratere. Scanti . . sin kint. er sprach . . wizzī wol de ir . .
rehtir rihtare. 1860 vō . . arte sware. de. ir . . ge lant stan.
disen . . suln in heizin han. . . ape diezelī. henkīt . . ē min.
1865 R^tis liste . . oz. er sprach kunic . . waz sol dirre do . .
manigē hof koi . .

1847 *K* so klagte 48 *K* in 49 *K* kaplan 51 *K* herre kunic sehet 52 *K*
uch, *PK* vil lasters 53 *ΓK* lazet in euch (uch) *Gr.* lātn iu 54 *PK* hengen
55 *P* wend er ist zware *K* wenne er ist zware, *Gr.* wande   56 *Gr* verrātaere   57 *K* clagte sine *Gr.* klagte siniu 58 *Gr. ohne* wol   59 *P Gr.*
rehte   60 *K* darumbe *Gr.* darumbe, vile   62 *Gr.* soldin   63 *Gr.* raben
64 *PK* henget   66 *K* waz sol kunic, *P* dir doz   67 *P* mangen *K*
manigen   67 f. *K* kumen: vernumen.

daz ich selten hân vernomen
solhe ungezogenheit,
1870 deiswâr, ez ist mir für iuch leit."
der künec sprach „ez ist alsô."
überbrehten verbôt er dô.
Reinhart sprach „iu enbiutet den dienest sîn,
rîcher künec, meister Bendîn,
1875 ein arzât von Salerne,
der saehe iuwer êre gerne
und darzuo alle die dâ sint,
beide die alten und diu kint,
und geschiht iu an dem lîbe iht,
1880 daz enmugen si überwinden niht.
hêrre, ich was ze Salerne
darumbe, daz ich gerne
iu hülfe von disem siechtagen.
ich weiz wol, daz al iuwer klagen
1885 in dem houpt ist, swaz ez müge sîn.
iu enbiutet meister Bendîn,
daz ir iuch niht sult vergezzen,
ir sült tegelîche ezzen
dirre lactwêrjen, die er iu hât gesant."
1890 „daz leistich", sprach der künec, „zehant"
und liez slîfen sînen zorn.

1868 tin han v̇nomen .. gezoginheit. 1870 des .. vur ivch leit.
D .. reht. do v̇bot er .. R. sprach uch inbute .. sin. richir
kunic .. 1875 ein arzat von sale .. ere g'ne d' z°ͮ alle (..
de die altī vn̄ die k .. iv an dem libe iet. (.. 1880 sie
vb'winden niet .. was ze salerne. da .. g'ne. ṽch hulfe vo ..
he wol dc uch grī .. 1885 hůbet swaz ez si .. stin (sic!) bendin.
dc .. latewaria. 1890 dc le .. iesa. vn̄ liez slif ..

———

1870 *PK (coll.)* deswar   72 *PK Gr.* man dô   73 *K* uch enpeutet,
PK dienst   74 *PK Gr.* Pendin   75 *P Gr.* arzet *K* artzt   76 *PK* sehe
ewer (iwer) *Gr.* saeh' iur   79 *K* uch   80 *Gr.* enmugens   82 *PK*
darumme   83 *K* uch   84 *PK Gr.* allez   86 *K* uch   88 *P* izn sult
K izn schult, *PK* tegliche   89 *PK (coll.)* lactewerien, *P* die er euh *K*
die er uch, *Gr.* die' r   90 *Gr.* künc   91 *Gr.* lie.

Reinhart sprach „vil manec dorn
hât mich in den fuoz gestochen
in disen siben wochen,
1895 daz tuot mir, künec, harte wê.
iu enbiutet der arzât mê,
ob ir einen alten wolf müget vinden,
den sült ir heizen schinden,
ouch müezet ir eines bern hût hân."
1900 der künec sprach „daz sî der kapelân."
„damit geneset ir, hêrre guot.
ûz einer katzen einen huot
müezet ir hân ze aller nôt,
oder ez waere, weiz got, iuwer tôt."
1905 Der künec hiez dô her für gân
Îsengrînen und sînen kapelân.
er sprach „ir sult mir iuwer hiute geben,
daz beschulde ich wider iuch, die wîle ich leben
umb iuwer geslehte zaller stunt.
1910 meister Reinhart hât getân mir kunt
den siechtagen, der mir zaller zît
in mînem houbete leider lît."
„genâde, hêrre", sprach der kapelân,
„waz wunders wolt ir ane gân?"
1915 den ir hât für einen arzât,
vil manegern er getoetet hât,
weiz got, denne geheilet:

1892 R. sprach manic dorn . . den fûz gestochi . . wochin.
1895 dc dŏt m . . te we. uch inbiet . . te me. obe ir ien . .
vinden einē altin . . scinden. ŏch mŭz . . bern hut han. 1900
d' . . si d' capilā. da mi . . ir herre gv̂t. v . .

1896 *PK* enpeutet *Gr.* enbiut, *PK Gr.* arzet   97 *P* alden wolf muget *K*
wolf alden muget, *Gr.* ein, mügt   99 *Gr.* eins   1901 *P* damite   5 *K* liez
6 *Gr.* sin   7 *P* ewere heute, *K* iwer   8 *P* wider euh di wile ich lebe,
K daz beschuld ich die wile ich leben, *Gr. ohne* wider iuch   9 *P* ewer.
K sol umb iwer, *Gr.* umb iur, *P* ze aller   10 *Gr. ohne* meister, *PK* hat
mir getan   11 *P* ze aller, *Gr.* siechtagn   12 *K Gr.* houbte   13 *K*
kaplan   15 *K Gr.* habt   16 *PK* mangen

und ist vor iu verteilet."
dô sprach ez im her Îsengrîn
1920 „sol mir alsus gerihtet sîn
umb mîn wîp, daz ist ein nôt!"
sîn zagelstrumpf er her für bôt:
„sehet, wie mich iuwer arzât
hinderwert geunêret hât.
1925 ouch mac iu wol ergân sô."
vil gerne waeren dannen dô
her Brûn und her Îsengrîn.
des enmohte doch niht sîn.
sine kunden niht entwîchen,
1930 der künec hiez sie begrîfen
vil manegen sînen starken kneht.
man schinte si, ouch wart Diepreht
beschindet alsô harte.
daz quam von Reinharte.
1935 der sprach „diz ist wol getân,
ein versoten huon sulwir hân
mit guotem specke eberîn."
der künec sprach „daz sol ver Pinte sin."
der künec hiez her für stân
1940 Schanteclêrn, er sprach, „ich muoz hân
zuo einer arzâtie dîn wîp."
„neinâ hêrre, si ist mir als mîn lîp,
ezzet mich und lât si genesen!"
Reinhart sprach „des mac niht wesen."
1945 der künec hiez Pinten vâhen,
Schanteclêr begunde dannen gâhen.
dô disiu rede ergienc alsô,
ûz sîme diehe sneit man dô

1918 *K* uch   19 *Gr.* zuo im   20 *K* alsust   21 *P Gr.* umbe   22 *K* sinen   23 *Gr.* seht   24 *Gr.* gunêret   25 *K* uch, *Gr.* alsô   26 *K (coll.)* weren   27 *P* her Brun vñ Ysengrin, *Gr.* Brûne   28 *PK* enmocht   29 *K* sinen konden   30 *Gr.* künc, si   31 *K Gr.* mangen   32 *Gr.* schintes   33 *K (coll.)* beschindet   38 *P* vor Pinte, *Gr.* künc, *ohne* ver   41 *PK* zu einer arztie *Gr.* zeiner arzetie   42 *Gr.* sist   43 *Gr.* lâzet   44 *Gr.* desn.   45 *Gr.* künc   46 *PK* begonde *Gr.* gund   48 *K* sinem, *P* er do.

dem eber ein stücke harte grôz.
1950 der arzâtîe in bedrôz.
„einen hirzînen riemen sulwir hân."
der künec hiez her für sich stân
den hirz und sprach „Randolt,
einen gürtel dû mir geben solt.
1955 daz beschulde ich iemer wider dich."
„hêrre, des erlâzet mich",
sprach der hirz, „durch got,
ez mac wol sîn der werlde spot,
daz ir dem volget hie,
1960 der nie triuwe begie.
der tiuvel in gelêret hât,
daz er sol sîn ein arzât."
Der künec sprach „Randolt,
ich was dir ie ûzer mâze holt.
1965 sterbe ich nû von den schulden dîn,
daz möht dir iemer leit sîn."
er getorst dem künege niht verzîhen,
ern müeste im einen riemen lîhen
von der nasen unz an den zagel.
1970 Reinhart was ir aller hagel.
Reinhart sprach, der wunder kan,
„künec, waerest dû ein armman
sone kunde ich niht gehelfen dir
von gotes genâden sô hân wir
1975 dâ mit dû wol maht genesen,
wilt dû mir nû gehoeric wesen."
„jâ" sprach der künec, „meister mîn,
swie dû mich heizest, alsô wil ich sîn."
Reinhart kunde manegen dôn
1980 „von dir enwil keinen lôn

1950 *PK* arztie *Gr.* arzetie   51 *Gr.* ein   55 *PK* immer, *Gr.* beschuldich   62 *K* artzat *(coll.)*   64 *K* uzer mazen *Gr.* unmâzen   65 *Gr.* sterbich   67 *K* getorste *(coll.), Gr.* künge   68 *K* must, *Gr.* muose einen, *mit Paul* müeste   72 *Mit Schönbach* armman   73 *PK* sonen, *K* kond ich *Gr.* kundich   74 *Gr.* gnâden, *PK Gr.* habewir   75 *Gr.* dâ mite   76 *Gr.* wiltu   78 *K (coll.)* also wil, *Gr.* ohne alsô   79 *PK* konde mangen.   80 *PK* wil ich kein (keinen), *Gr.* sicheinen.

mîn meister Bendîn,
wan eines bibers hût". „daz sol sîn",
sprach der künec rîche,
„die sende ich ime waerlîche."
1985 er hiez den biber für sich stân,
dô muoste er die hût lân.
manec tier daz gesach
ieglîchez zuo dem andern sprach
„waz wolwir hie gewinnen?
1990 wir suln uns heben hinnen,
ê wir verliesen diu vel."
dô huop sich manec tier snel,
der hof zesleif sâ,
Krimel beleip dâ
1995 und diu olbente von Tuschelàn,
die hiez der arzât dâ bestân:
alsam tet er den elefant,
der daz guote urteil vant.

 Der künec harte rîche,
2000 der beleip dâ heimlîche,
sie fuoren alle dannen swinde,
dâ beleip sîn ingesinde.
Reinhart den künec bat,
daz er im hieze tragen bat.
2005 zehant der künec daz gebôt,
dem lêbarten was harte nôt.
ez ist wâr, daz ich iu sagen,
daz bat wart schiere dar getragen.
ez wart gewarmt ze rehte,
2010 daz fromten guote knehte,
als ez meister Reinhart gebôt,
in waere leit irs hêrren tôt.

1982 *PK* wen, *Gr.* eins, *P* sal   84 *Gr.* sordich, *K Gr.* im   86 *Gr.* muose
91 *P* vele   92 *P* snelle   94 *Gr.* Krimele, *P* bleip   95 *K* und olbente
von tuschelan, *Gr.* dolbente   97 *PK* den elfant, *Gr.* tetern   2000 *P* der
bleib da heimliche *K* der bleip da heimlich, *Gr. ohne* der   1 *Gr.* si   2 *K*
do, *PK* bleip   3 *Gr.* dô *nach* Reinhart *zugesetzt*   4 *K* pat.   6 *P*
lewarte *K* lewarten   7 *K* uch sage   8 *P ohne* dar   9 *PK* gewermet   10 *PK*
vrumeten   12 *Gr.* ir.

in daz bat leit er würze gnuoc,
dô satzte er im ûf den katzenhuot,
2015 dem künege mit witzen,
in daz bat hiez er in sitzen.
meister Reinhart, der arzât,
greif ein âdern, diu zem herzen gât.
er sprach „künec, ir sît genesen
2020 und muget nû wol vrô wesen:
iu was vil nâhen der tôt,
nû hilfet mîn kunst iuch ûzer nôt.
gât ûz", sprach der arzât,
„ir habt gebat, daz ez wol stât.
2025 langez bat tuot den siechen weich,
ir sît ein lützel worden bleich."
Der künec sprach, wander siech was,
als ein man, der gerne genas:
„dîn gebot ich gerne erfüllen sol."
2030 dô hâte er im gebettet wol
ûf sînes kapelânes hût,
der im dâ vor was vil trût.
den künec dacter vil warme,
daz ez got erbarme,
2035 mit einer hiute, die truoc Îsengrîn,
die verlôs er ân die schulde sîn.
Reinhart sich kündecheite vleiz,
umb daz houbet maht er dem künege heiz.
der ameize des gewar wart,
2040 ûz dem houbete tet er eine vart.
dô krouch er rehte, deiswâr,
für sich in daz katzenhâr.
der meister dô den huot nam,

2013 *Gr.* genuoc 14 *K* satzt, *Gr.* satzter, *PK* katzhut, *Gr. ohne* im 16 *PK* do sitzen, *Gr.* inz 18 *K* ader, *P* zu dem 21 *K* euch 22 *P* nu hilfet euh min kunst *K* nu hilft uch m. k. *Gr.* mîn kunst iuch hilfet ûzer nôt 23 *PK* get uz 25 *P* dem 27 *Gr.* künc, *PK* wen 30 hâte *mit Schönbach, PK Gr.* hât 32 *P* vile trut *K* vil traut 33 f. *K* warm: erbarm 35 *K* huete, *Gr. ohne* die 36 *Gr.* vlôs 37 *K* (coll.) Reinhart 38 *P* umme, *K* umb daz houbt, *Gr.* künge 39 *K* ameiz 40 *K Gr.* houbet 41 *PK Gr.* krôch, *K* deswâr.

    mit im er an die sunnen quam,
2045 die liez er schînen dar in.
    daz wart im ein grôz gewin.
    den ameizen er gesach,
    zorneclîche er zuo im sprach
    „ameize, dû bist tôt,
2050 dû hâst brâht ze grôzer nôt
    mînen hêrren; dîn leben
    muost dû darumbe geben."
    der ameize zuo Reinharte sprach
    „er tet mir nôt, wan mir zebrach
2055 eine guote burc der künec hêr.
    dâ geschach mir an michel sêr,
    daz ich niemer mac verklagen,
    mîner mâge lac dâ vil erslagen.
    darumbe hân ich diz getân.
2060 wiltu mich genesen lân,
    ich lâ dich in diseme walde mîn
    über tusent bürge gewaltic sîn."
    Reinhart dâ guote süene vant,
    den gevangen liez er zehant.
2065 des wart der ameize harte vrô,
    ze walde huop er sich dô.
    haeter die miete niht gegeben,
    sô müeste er verlorn hân daz leben.
    Sus geschiht ouch alle tac,
2070 swer die miete gegeben mac,
    daz er dâ mit verendet
    mê, danne der sich wendet
    zerfüllenne der hêrren gebot
    mit dienest: daz erbarme got.
2075 Reinhart dô darwider gie,

2048 *K* zorniclichen 49 *P* (coll.) ameys 50 *K* hat 51 *P* den leben *K* (*coll.*) den lewen 52 *K* mustu, *P* dar umme *K* dar umbe 54 *PK* iz tet, wen (*K* wan) er mir zu brach, *Gr.* ez, brach. *Obiger text nach Schönbach* 55 *K* (*coll.*) burch, *Gr.* ein 56 *K* do 59 *K* darumb 60 *P* wilt du 61 *PK* laze dich, *K* disem, *Gr.* lâze dich in dem 65 *K* ameyz 68 *PK* must, *Gr.* müeser 69 *PK* sust .. alle tag, *Gr.* aldèntag *Schönbach* allen tac 71 *Gr.* mite 72 *K* der (*coll.*) 73 *PK* (coll.) zu ervullende herren, *Gr.* zerfüllenne hêrren, *obiges mit Schönbach* 74 *K* dienst 75 *Gr.* widere.

dâ er sînen siechen lie.
dem künege greif er an die stirne.
er sprach „wie tuot iu nû daz hirne?"
„wol, meister, daz iu got lônen sol,
2080 ir hât mir gearztîet wol."
er sprach „wir suln ez ouch noch baz tuon.
weiz ieman noch, ob daz huon
mit petersiljen versoten sî?"
ein truhsaeze stuont dâ bî,
2085 der sprach „jâ, daz wil ich iu sagen."
„nû heizet mirz her für tragen."
daz wart vil schiere getân.
dô hiez er inbîzen gân,
Reinhart den hêrren sîn
2090 und hiez in sûfen daz soedelîn.
der arzât des niht vergaz,
vern Pinten er dô selbe az,
Reinhart der ungetriuwe slec.
Krimele gap er dô den ebers spec.
2095 Den künec hiez er ûf stân
und eine wîle sich ergân.
Reinhart, der lützel triuwen hât,
den künec dô genôte bat
umbe sînen vriunt, den elefant,
2100 daz er im lihe ein lant.
Der künec sprach „daz sî getân:
Bêheim sol er hân."
des wart der elefant vil vrô.
der künec hiez in dô
2105 enphân, als ez was reht.
dô huop sich der guote kneht.
er quam dar als ein armman,
fürsten ambet er dâ gewan.

2076 *PK* do 77 f. *K* stirn: hirn, *Gr.* künge 78 *Gr.* ohne er sprach
78 u. 79 *K* uch 80 *Gr.* μarztíet, *K* habt 81 *Gr.* sulnz 86 *PK* mir her
vur, *Gr.* füre 88 *Gr.* ohne er 90 *PK* soufen daz, *Gr.* súfenz södelin,
mit Schönbach oben soedelin 92 *P* da 93 *K* ungetrewe 94 *P* da, *K Gr.*
Krimeln, *K* eber 99 *hier und an den folgenden stellen PK Gr.* helfant 2105 *K*
énphahen 8 *P* amecht *K* amt.

     der elefant reit in sîn lant,
2110 dar in der künec hât gesant
     und kundete vremdiu maere,
     daz er hêrre waere.
     vil harte er zebliuwen wart,
     ouch gerou in diu widervart,
2115 mohten si in getân hân wunt,
     ern wurdes niemer mê gesunt.
     dô Reinhart den elefant
     gesatzt hâte über sîn lant,
     dannoch endûht in der schalcheit gnuoc niet,
2120 den künec er genôte biten geriet
     umbe die olbente, sîne urteilerîn.
     er sprach „si sol geniezen mîn,
     lât si zem Êrstein ebtissîn wesen,
     sô sît ir an der sêle genesen.
2125 dâ ist vil geistlîch gebet."
     der künec harte gerne ez tet.
     er lêchz ir mit der zeswen hant.
     grôze genâde sie dô vant.
     si wânde sîn gewislîche
2130 ein ebtissîn rîche.
     dô nam si urloup dâ,
     si huop sich dannen sâ.
     geillîche si über den hof spranc,
     si weste Reinharte danc,
2135 der vil grôzen rîcheit.
     des quam si sît in arbeit.
     als si in daz klôster quam,
     swelich ir diu maere vernam,
     der quam îlende dar.
2140 si nâmen ir vil genôte war
     und vrâgten, wer si waere.

2110 *Gr.* hâte   11 *Gr.* kunte   13 *P* zu blowen *K* zerbloven   14 *P* gerowen di *K* gerowen die   15 *Gr.* getuon wunt   16 *PK* mer   18 *P* gesatzet *Gr.* gezetzet   19 *P* endoucht in *K* doucht in *Gr.* endûhtn, *PK Gr.* niht   23 *K (coll.)* lat, *PK* zem (zum) ersten *Gr.* zem êrsten   23 u. 30 *PK Gr.* ebtissinne   29 *Gr.* gwislîche   36 *P* sint   40 *mit Schönb.* ir, *bei Gr. und in den cod. fehlt es.*

si sprach „ich sol iu maere
künden gewaerlîche,
mir hât der künec rîche,
2145 disen gewalt verlihen, daz er sî mîn:
ich sol hie ebtissîn sîn."
die nunnen hâten daz für zorn.
des was diu olbente nâch verlorn.
dô schrieten diu klôsterwîp,
2150 des wart der ebtissîn lîp
zebliuwen unz an den tôt.
mit griffeln tâten si ir grôze nôt,
daz wart an ir hiute schîn.
die nunnen jagten si in den Rîn.
2155 alsus lônet ir Reinhart,
daz si sîn vorspreche wart.

 Ez ist ouch noch alsô getân:
swer hilfet einem ungetriuwen man,
daz er sîn nôt überwindet,
2160 daz er doch an im vindet
valsch; des hân wir gnuoc gesehen
und muoz ouch dicke alsam geschehen.
alsus hât bewart
sîne urteilaere Reinhart,
2165 der arzât was mit valsche dâ,
den künec verriet er sâ.
er kunde manegen übeln wanc.
„ich wil iu geben einen tranc,
sô sît ir zehant genesen".
2170 der künec sprach „daz sol wesen."
dô brou er des küneges tôt.
Reinhart was übel unde rôt,
daz tet er dâ vil wol schîn.
er vergap dem hêrren sîn.

2142 *K* uch 43 *PK* kundigen *Gr.* kündigen 45 *Gr.* gwalt 46 *K Gr.* ebtissinne 47 *PK* verzorn 48 *Gr.* dolbente 49 *PK* schreiten *Gr.* schriten 50 *Gr.* ebtissinne 51 *PK* zebluen *Gr.* zebliun 54 *Gr.* jagtens 55 *Gr.* lôntir 58 *Gr.* ohne einem, *K* ungetrewen *Gr.* ungetriuwen 59 *Gr.* sîne not übrwindet 61 *PK (coll.)* valschs *Gr.* valschez 63 *PK* alsust hat, *Gr.* hâte 65 *PK* artzet *Gr.* arzet 67 *PK* konde mangen, *Gr.* mangen 68 *PK* er sprach herre, *Gr.* hêrre, ich wil etc. *K* uch 72 *P* ubele 73 *Gr.* wole 74 *K* den.

2175 daz sol nieman klagen harte,
waz wânt er hân an Reinharte?
ez ist noch schade, wizzekrist,
daz manec lôser werder ist
ze hove, danne sî ein man,
2180 der nie valsches began.
Swelch hêrre des volget âne nôt,
und taeten si deme den tôt,
daz waeren guotiu maere.
boese lügenaere
2185 die dringent leider allez für.
die getriuwen blîbent vor der tür.

Dô dem künege der tranc wart,
dannen huop sich Reinhart
und jach, er wolde nâch würzen gân,
2190 ern hâte dâ anders niht getân,
wan daz er ouch anderswâ begienc.
Krimeln er bî der hant gevienc,
der was sîn trût küllinc.
er sprach „ich wil dir sagen ein dinc.
2195 der künec mac niht genesen,
wir suln hie niht lenger wesen."
dô huoben sie sich dannen balde
mit einander ûz dem walde.
Reinhart gesach ân hût dâ gân
2200 hern Brûn den kapelân.

Nû vernemet, wie er sprach,
dô er in êrest ane sach:
„saget, edeler schrîbaere,
was diu hût ze swaere,
2205 daz ich si iuch niht sihe tragen?
ich wil iu waerlîche sagen,
mich dunket an den sinnen mîn,
sült ir ze winter iemans vorspreche sîn,

2175 *Gr.* niemen   85 *PK* dringen   89 *Gr.* wold   90 *K* hatte, *Gr.* niht anders   91 *Gr. ohne* ouch   92 *PK* Krimelen   96 *Gr.* sulen   97 *Gr. ohne* dannen   99 *K* ane   2200 *Gr.* Brünen, *K* kaplan   2 *K* (coll.) er in *Gr.* do'r, *PK* erst   3 *Gr.* edele   5 *PK* sehe   6 *K* uch.   8 *P* solt *K* schult, *P* imannes *K* iemannes.

der müeze iu einen belliz lîhen.
2210 ern mac ez iu niht verzîhen,
wan des durfet ir ze fromen.
owê, wer hât iuwern huot genomen?"
her Brûn vor zorne niht ensprach,
ungerne er Reinharten sach:
2215 sîn widermuot was groezlich,
mit grimme grein er umbe sich.
Reinhart liez hern Brûnen dâ,
ze sîner burc huop er sich sâ.
  Dem künege harte wê wart.
2220 er sprach „wâ ist meister Reinhart?
heizet in balde her gân,
mich wil ich enweiz waz übeles bestân,
ez ist mir zuo dem herzen geslagen.
er kan ez dannen wol gejagen
2225 mit guoten würzen, die er hât.
er ist ein erwelter arzât."
den meister suochte man dô,
des wart der künec vil unvrô.
man sagtim leidiu maere,
2230 daz er enwec waere.
  Der künec weinende sprach
„daz ich Reinharten ie gesach,
des hân ich verlorn daz leben.
owê, er hât mir gift gegeben
2235 âne schulde, ich hât im niht getân.
mînen edelen kapelân
hiez ich schinden durch sînen rât.
swer sich an den ungetriuwen lât,
dem wirt ez leit, des muoz ich jehen,
2240 alsam ist ouch nû mir geschehen."
er kêrte sich ze der wende

2209 *Gr.* müez, *K* uch einen pellitz   10 *K* uch, *Gr.* magz   11 f. *PK* vrumen : genumen   12 *Gr.* iu'n *P* euh euwern *K* uch iwern   14 *PK* Reinharte   16 *P* umb sich *K* uber sich   17 *K* (coll.) brunen   22 *Gr.* neiz waz übels   24 *Gr.* danne   30 *PK* hin weck (wek)   35 *P* ime   41 *PK* zu der *Gr.* zer.

dô nam der künec sîn ende.
sîn houbet im endriu spielt,
enniuniu sich sîn zunge vielt.
2245 Si weinten alle durch nôt
umb des edelen küneges tôt.
si drouten alle harte
dem guoten Reinharte.
2248ᵃ diz sî gelogen oder wâr,
2248ᵇ got gebe uns wünneclichiu jâr.
  Hie endet ditze maere.
2250 daz hât der Glîchesaere
her Heinrich getihtet
und lie die rîme ungerihtet.
die rihte sît ein ander man,
der ouch ein teil getihtes kan.
2255 und hât daz alsô getân,
daz er daz maere hât verlân
ganz rehte, als ez ouch was ê.
an sümelich rîme sprach er mê,
dan ê dran waere gesprochen.
2260 ouch hât er abe gebrochen
ein teil, dâ der worte was ze vil.
swer im nû des lônen wil,
der bite im got geben,
die wîle er lebe, ein vroelîch leben
2265 und daz er im die sêle sende
dâ si vröude habe ân ende.

2242 *Gr.* künc 43 *PK* endreu 44 *PK* en neune 46 *PK Gr.* umbe
47 *P* dreweten *K* dreuweten 48 b *P* wunecliche *K* wunnencliche 49 *K* ditz
50 *K* glichsenere *(diesmal ganz ohne correctur).* 53 *PK* sider 55 *PK
Gr.* daz ouch 58 *P* sumelicher *K* sumeliche 59 *P (coll.)* dan e *K* danne er
60 *K* ab 64 *Gr.* wīl.

Berichtigungen.

Zur einleitung. s. 22 anmerk. *3 gehört zur ersten zeile auf der nächsten seite.

Zum texte der bearbeitung. 501 nach *vil* anführungszeichen — 502 nach *wil* komma zu tilgen — 859 *âne* st. *ane* — 1654 vor *ir* anführungszeichen — 1768 *ouch* st. *auch*.

Zum ursprünglichen gedichte. 932 *eim* st. *eim*.

Zu den noten. 350 vor *vordern* (coll.) einzuschalten — 367 *Gr. alsam ein* — 368 *Gr. fümf* — 382 *Gr. der gebûr vil jaemerlîche sach* — 411 f. *kumen* st. *frumen* — 418 nach Gr. *an* — 451 *Gr. ein* — 473 *Gr. hâten* — 511 *Gr. er sanc* st. *sanc er* — 582 *Gr. ouch mîn wîp* — 655 *Gr.* ohne *niht* — 739 *Gr. hin in* — 855 *Gr. sol* darumb — 954 vor *Reinhart* ist *Gr.* einzufügen — 1207 *P* und *Gr.* vor *pate* zu tilgen — 1211 *P* vor *KGr.* zu streichen — 1377 *K (coll.) klaget er hern* — 1760 *Gr. niht.*

Halle, Druck von Ehrhardt Karras.